ANKERHERZ

DAY ++ MAYDAY

Autoren STEFAN KRUECKEN, JOCHEN PIOCH Fotografie ENVER HIRSCH, THOMAS STEUER

MAYDAY ++ MAY

SEENOTRETTER ÜBER IHRE DRAMATISCHSTEN EINSÄTZE

MAYDAY
Seenotretter über ihre
dramatischsten Einsätze

Originalausgabe, Mai 2017

Texte: Stefan Kruecken, Hollenstedt; Jochen Pioch, Berlin
Essay: Olaf Kanter, Hamburg
Fotografie: Enver Hirsch, Hamburg; Thomas Steuer, Essen
Fotos auf den Seiten 156, 162/163, 166: DGzRS/Die Seenotretter

Lektorat: Olaf Kanter, Hamburg
Korrektorat: Patrick Schär, Berlin
Gestaltung: Daniela Greven, Berlin; Peter Löffelholz, Berlin
Herstellung und Satz: Peter Löffelholz, Berlin

Druck und Bindung: Friedrich Pustet, Regensburg
Gedruckt auf FSC-zertifiziertem, holz- und säurefreiem Papier
der Firma Munkedals, Schweden.
Printed in Germany.

Bibliografische Informationen der Deutschen Nationalbibliothek:
Die Deutsche Nationalbibliothek verzeichnet diese Publikation
in der Deutschen Nationalbibliografie; detaillierte bibliografische
Angaben sind im Internet unter http://d-nb.de abrufbar.

Ankerherz Verlag GmbH, Hollenstedt
info@ankerherz.de
www.ankerherz.de
ISBN: 978-3-940138-79-8

1 MAYDAY

2 HEBEL AUF DEN TISCH!

3 KLAR P3*

* »Klar P3« ist eine Bezeichnung in der Umgangssprache der Rettungsmänner und bedeutet: Klar für den Einsatz.

DBAD

SAR

BERNHARD

DGzRS
SAR

SAR

RITTER IN ROTEN OVERALLS

Der Begriff des »Helden« wird viel strapaziert. Ein »Held« findet sich schnell in einer Zeit, in der Nachrichten laut sein müssen, um gehört zu werden. Es gibt »Helden«, die so genannt werden, weil ihre Mannschaft ein Tor mehr in einem Fußballspiel geschossen hat. Manche werden als »Helden« bezeichnet, einfach nur, weil sie etwas kochen können. Es gibt »Helden«, die Teppiche liefern oder Pizza ausfahren.

Wir von ANKERHERZ definieren Helden nach dem, was sie tun: sich für andere Menschen einsetzen, ohne darüber viele Worte zu verlieren. Große Dinge im Kleinen, im Verborgenen leisten. Ihnen wollen wir eine Stimme geben. Es mag absurd klingen, denn sie finden kaum noch einen Platz. Vielleicht gibt es zu viele Helden in diesen Tagen, zu viele falsche Helden.

An diesem Buch haben wir mit Unterbrechungen über acht Jahre lang gearbeitet. Das ist selbst für unsere Verhältnisse eine lange Zeit, doch dieses Buch ist uns ein besonderes Anliegen. Alles sollte stimmen. Denn es handelt von Männern (und einer Frau), die bereit sind, für das Wohl anderer alles zu riskieren. Sie fahren hinaus in den Sturm, wenn die meisten längst im sicheren Hafen sind. Sie sind selbstlos, sie sind mutig, sie sind Ritter in roten Overalls. Seit mehr als 150 Jahren sind sie im Einsatz. Geld vom Staat nehmen sie nicht, noch etwas Heldenhaftes.

Den Tag, an dem ich verstand, was Seenotretter leisten, werde ich nie vergessen. Es war auf dem Atlantik, und wir befanden uns auf der Reise nach Island, um an unserem Buch STURMWARNUNG zu arbeiten. Südlich der Färöer-Inseln kam die Fähre in einen schweren Sturm. Als ich hinaustrat an Deck, erschrak ich: Das war kein Sturm, wie ich ihn von Land kannte. Er klang wie ein verwundetes Tier, er röhrte, brüllte, er schrie. Wie mag es sein, unter solchen Bedingungen hinauszufahren? Im Wissen, dass kein Boot unsinkbar ist?

In MAYDAY geht es nicht nur um spektakuläre Einsätze. Sondern auch um andere Schläge, die Seenotretter verarbeiten müssen: den ertrunkenen Jungen. Die Furcht, im Einsatz zu spät zu kommen. Die Sorge, dass einer der eigenen Crew über Bord gespült werden könnte. »Wer Angst hat, darf nicht raus«, sagt einer der Retter im Gespräch. Angst lähmt die Gedanken. Doch Furcht kennt jeder von ihnen.

Mit MAYDAY wollen wir den Seenotrettern ein Denkmal setzen. Wir haben dafür die Küsten der Nordsee und Ostsee bereist und sind nach England geflogen (um die Geschichte des geretteten Mister Barnes erzählen zu können). Vom Fotografen Thomas Steuer, der die Seenotretter seit Jahren begleitet, stammen die Bilder aus dem Einsatz. Der Hamburger Fotograf Enver Hirsch porträtierte die Männer auf ihren Stationen und an Bord der Kreuzer, während sie auf einen Einsatz warteten. In jedem Moment kann es wieder losgehen.

Wir wünschen Ihnen gute Unterhaltung mit den Geschichten von echten Helden.

Stefan Kruecken, Verlagsleitung Ankerherz

++M
DAY++
DAYM
Kapitel
++M

1
A Y
MAY
AYDAY
AYDAY

+++ Seenotrettungskreuzer »Vormann Steffens« +++
Sturm vor der ostfriesischen Küste +++ 20. August 1990 +++

DIE NACHT DES WUNDERS

Eine Monsterwelle reißt den Seenotretter Dieter Steffens von Bord des Kreuzers. Mitten in einem schweren Sommersturm treibt er in der Nordsee. Kann ihn jemand in der Dunkelheit finden? Ein Kampf ums Überleben beginnt.

Als die Angst kommt, die Angst vor dem Tod, beginne ich zu beten. Ich bin kein gläubiger Mensch, doch ich bete, dass der Herr mich zu meiner Familie zurücklassen möge, zu meinen Kindern und meiner Frau. Die Panik, die Furcht macht mich beinahe wahnsinnig. Ich schreie, ich weine, ich brülle in die Dunkelheit hinaus, obwohl ich weiß, dass mich niemand hört. Ich weiß, dass die Chance, mich in der stürmischen See zu finden, bei Windstärke zwölf auf der Nordsee, sehr gering ist.

Ich muss es wissen, denn es ist mein Beruf. Ich bin Seenotretter.

Sieben Seemeilen sind es bis zum Festland, auch für einen geübten Schwimmer nicht zu schaffen, schon gar nicht in der meterhohen Dünung. Das Wasser hat 16 Grad, es ist Sommer, die Nacht des 20. August 1990. Ich trage eine Rettungsweste und einen Overall, der mir etwas Schutz vor dem Auskühlen bietet. »Nicht zu viel strampeln, Energie sparen«, sage ich zu mir selbst, das rede ich mir ein. »Bleib vernünftig, gib nicht auf.« Ich wehre mich gegen diese Gedanken in meinem Kopf:

Sie können mich nicht finden.

Sie werden mich nicht sehen.

Niemand kann mich hören.

Es ist vorbei.

Eine gefühlte Zeit gibt es nicht, keine Stunden, keine Minuten, keine Sekunden. Ich treibe, ich versuche, nicht zu viel Wasser zu schlucken, die Wellen werfen mich hin und her, es fühlt sich an wie in einer gewaltigen Waschtrommel. Der Sturm brüllt, selbst in wenigen Metern Entfernung würde man einander nicht hören, so laut ist es.

Dann plötzlich: ein Scheinwerfer! Ein Scheinwerfer taucht hinter einem Wellenkamm auf: Es ist ein Hubschrauber! Meine Kollegen suchen nach mir, sie sind ganz nahe, vielleicht 200 Meter entfernt. Ich rudere mit den Armen, ich winke verzweifelt, gehe kurz unter, ich brülle, so laut es geht, ich schlucke Wasser, spucke.

Doch der Pilot sieht mich nicht.

Der Scheinwerfer richtet sich in die andere Richtung, weg von mir, fort von meinem Leben.

»Nicht durchdrehen«, sage ich mir, »jetzt nicht durchdrehen.«

Begonnen hatte die Sturmfahrt als normaler Einsatz, als Routinefahrt. Ein Sommerunwetter zog auf, wir wurden von der Seenotleitung in Bremen nach dem Abendbrot an Bord informiert. Ein Sturm schreckt einen Seenotretter nicht, das kennt jeder, das gehört zum Beruf. Seit fünf Generationen, seit es Seenotretter gibt, ist meine Familie in der »Gesellschaft«, wie sie alle an der Küste nennen. Gleich am Hafen von Neuharlingersiel, Ostfriesland, dem Fischerdorf, in dem meine Familie wohnt, steht ein alter Rettungsschuppen. Innen sieht es aus wie in einem Museum, Westen aus Kork sind ausgestellt, die den Anschein machen, als zögen sie einen, sobald sie nass sind, gleich hinab auf den Grund der See; kleine Bojen, Holzriemen, mit denen die Männer früher in offenen Booten in die Brandung hinausruderten. Ich bewundere ihren Mut, denn sie riskierten damals immer alles, wenn sie anderen helfen wollten.

Einer meiner Urahnen, Harm Steffens, ein streng blickender Mann mit Bart, sieht einen aus einem Gemälde an der Wand an: Er war von 1873 bis 1902 Vormann auf einem Ruderboot. So lange geht die Tradition der Familie Steffens zurück. Der Seenotkreuzer, auf dem ich den Unfall hatte, ist damals zu Ehren meiner Familie benannt worden: »Vormann Steffens«. Ob ich stolz darauf bin, werde ich manchmal gefragt. »Ist nun mal so«, entgegne ich dann. Dass einer von uns, dass ein Seenotretter mit geschwollener Brust herumläuft, nein, das ist unmöglich. Angeber halten es in dieser Gesellschaft nicht lange aus. Der Job ist nichts für Leute, die prahlen wollen. Sachlichkeit ist gefragt, Ruhe, Bescheidenheit.

Bevor ich zur Gesellschaft kam, habe ich auf einem Fischkutter gearbeitet und war Matrose auf Küstenfahrt. Ich wollte nie weit weg von zu Hause, nicht nach Rio oder Jakarta, die Große Fahrt hat mich nie gereizt. Wegen der Familie, wegen meiner Kinder und weil ich ein heimatverbundener Mensch bin. Ich schätze meine vertraute Umgebung, und ich mag es, meine Freunde um mich herum zu wissen. 1981 habe ich mich bei der Gesellschaft auf eine Stelle als fest angestellter Seenotretter beworben, und zum Vorstellungsgespräch lud man auch meine Frau Petra ein. Familientradition ist eine schöne Sache, aber wenn es um Posten geht, müssen alle denselben Weg nehmen. Vermutlich wollten sie gleich beim Vorstellungsgespräch wissen, ob es auch bei uns klarging, wenn ich zwei Wochen von zu Hause weg bin. Zwei Wochen Arbeit an Bord, zwei Wochen Pause, das ist der Arbeitsrhythmus. Nicht jede Ehe hält das aus, doch für uns war es nie ein Problem. Ich habe meine Arbeit auch nie mit nach Hause gebracht: »Was auf See passiert, bleibt auf See«, das war damals ein ungeschriebenes Seemannsgesetz.

Ich mag die Routine an Bord. Dass es keine Rangordnung auf einem Seenotkreuzer gibt, dass jeder alle Aufgaben übernimmt, ohne zu murren, vom Kochen übers Putzen bis zum Waschen, das gefällt mir. Eine

Besatzung funktioniert wie eine Familie, im besten Sinne. Ich mag es zu helfen. Einmal haben wir einen Mann von einem Saugbagger geholt, der mit seiner Hand in eine Maschine geraten war, sah übel aus. Fischer, die ein Netz in die Schraube bekommen haben, gehören auch zu unserer Klientel. Und dann kam der 20. August 1990.

Wir lagen in Wilhelmshaven, als die Sturmwarnung eintraf, kurz darauf gefolgt von einer Einsatzmeldung: Segeljacht in Seenot! An die genaue Position, auf der wir die Segler fanden, kann ich mich nicht mehr erinnern, wohl aber daran, dass das Wetter schon schlecht war. Beaufort zehn aus Nordwesten, zunehmend, der Schwell machte uns zu schaffen. Ein Mann und eine Frau waren auf der Jacht, die etwa neun Meter lang war, und sie waren froh, uns zu sehen. Wir warfen Leinen rüber an Bord, irgendwie bekamen wir es hin, dann nahmen wir Kurs auf die Mündung der Jade. Ich war unten gewesen, mich um die Navigation zu kümmern, und gerade wieder auf dem Weg zurück zum Fahrstand, als ich diese Wand aus Wasser vor mir sehe. Wie hoch sie gewesen sein mag? Zehn Meter vielleicht. Oder doch 15? Eine Quersee, ein Kaventsmann, eine Monsterwelle, die den Kreuzer mit voller Wucht erwischt. Mehrere Fenster sind zertrümmert, tonnenweise ist Nordseewasser in den Seenotkreuzer eingedrungen. Alles spielt sich in Sekunden ab: Das Licht geht aus, es wird dunkel, das Schiff wird seitlich ins Wasser gedrückt. Als sich die »Vormann Steffens« wieder aufrichtet, bin ich nicht mehr an Bord. Die Welle hat mich fortgerissen.

Es ist exakt 23:36 Uhr, diese Uhrzeit vergesse ich nie.

Angst? Zuerst nicht, das dauert, denn zunächst begreife ich gar nicht, was gerade passiert ist. Mein Geist scheint vor Schreck in eine Art Notmodus geschaltet zu haben. Bis ich wirklich verstehe, in welcher Lage ich mich befinde, vergeht einige Zeit. Wobei Zeit relativ ist: Alles verschwimmt.

Ich habe gelesen, dass viele Schiffbrüchige in einem Sturm gar nicht ertrinken, sondern ersticken, weil sie in der Gischt keine Luft mehr bekommen. Wie bei Sandkörnern, die Atemwege verstopfen. Ich habe Probleme zu atmen. Ich strample um mein Leben. Ich spüre, wie die Temperatur meines Körpers sinkt.

Ich glaube nicht, dass es möglich ist, einen Menschen auf eine solche Situation wirklich vorzubereiten. Es geht darum, mit einer extremen Angst umzugehen. Niemand vermag zu sagen, ob er es in einer solchen Lage schafft, sich zu kontrollieren. Wie hoch mögen die Chancen sein, dass mich meine Kollegen in diesen Wetterbedingungen in der Dunkelheit finden? Meine Aufgabe ist es, so lange wie möglich am Leben zu bleiben.

Der Hubschrauber taucht auf. Verschwindet wieder. Ich sehe den Lichtkegel, schreie meine Verzweiflung hinaus in die Nacht, schlucke Gischt und Salzwasser. Dann: ein Motorengeräusch. Ganz sicher bin ich nicht, meine Kräfte lassen nach. Später erfahre ich, dass es die Besatzung des Kreuzers *Otto Schülke* von Norderney war, die mich ortete. Wie es gelang? Das können die Kameraden nicht so genau erklären, sie meinen, sie hätten etwas gehört, einen Ruf, einen Schrei, die Maschine ausgestellt, und dann haben sie mich tatsächlich gehört. Ich sehe einen Lichtkegel, ich höre das Geräusch eines Hubschraubers, spüre eine Rettungsschlaufe um meinen Oberkörper, dann werde ich nach oben geliftet.

An diesen Teil habe ich nur diffuse Erinnerungen, wie durch einen Filter aus Milchglas, wie in einem Film, der auf »langsam« hängen geblieben ist. Der Hubschrauber fliegt mich nach Wilhelmshaven ins Krankenhaus. Meine Körpertemperatur beträgt nur noch 31 Grad, Schockzustand. Die Ärzte gehen behutsam vor, zum Glück. Früher starben Menschen noch nach ihrer Rettung, weil der Kreislauf wegen falscher Behandlungsmethoden versagte. Ich komme langsam wieder zu mir, ich zittere, ich bibbere, es ist ein furchtbares Gefühl, ich kann das Wasser nicht halten. Die Mediziner sagen mir später, dass mir noch eine Viertelstunde geblieben wäre. Eine Viertelstunde später wäre ich erfroren, im Sommer auf der Nordsee.

Seenotrettung als Familienangelegenheit:
die Vormänner der Dynastie Steffens.

Als man mich wiegt, gibt es eine Überraschung: Vier Kilo habe ich abgenommen. Vier Kilo in jenen 45 Minuten, in denen ich ums Überleben kämpfte.

Der 21. August ist seit 1990 mein zweiter Geburtstag, den ich jedes Jahr aufs Neue feiere. Mir ist ein zweites Leben geschenkt worden in jener Nacht, und ich begreife meine Rettung als eine Art kleines Wunder. Ich bin einige Zeit krankgeschrieben, und es fällt mir schwer, die Erlebnisse zu verarbeiten. Ich schlafe schlecht. In meinen Träumen treibe ich im Wasser und sehe, wie der Hubschrauber davonfliegt, dem ich hinterherschreie. Ich wache auf und bin nass vom Schweiß.

»Wird schon werden«, rede ich mir ein. »Das geht weg.«

Im Dezember trete ich wieder den Dienst auf einem Rettungskreuzer an, und natürlich dauert es nicht lange, bis wir einen Einsatz in schlechtem Wetter bekommen. Nordsee im Winter, da ist schlechtes Wetter so normal wie Sonne im Sommer. Ich sitze im Tochterboot, ich lege die Hand auf die Hebel. Doch ich kann nicht losfahren. Ich schaffe es einfach nicht, ich zittere, mir ist übel vor Angst, mein Magen schmerzt, als hätte mir jemand ein Messer in den Bauch gerammt. Es hat keinen Sinn. Ich rede mit meinen Vorgesetzten, die Verständnis zeigen. »Wird schon wieder«, funktioniert nicht mehr.

Ich bekomme eine Stelle als Steuermann auf der Fähre, die nach Spiekeroog pendelt. Dafür bin ich dankbar. Bei schlechtem Wetter habe ich immer wieder mit mir zu kämpfen. Meine Sorgen verfolgen mich auch nachts, lassen mich schlecht schlafen, das geht noch Jahre so. Mich treiben zu dieser Zeit auch Existenzängste um. Ich bin Familienvater, ich bin Seemann. Schlechtes Wetter gehört zum Beruf, das ist klar. Was ist, wenn es mir nicht gelingt, die Ereignisse richtig zu verarbeiten? Ich verbringe viel Zeit mit meiner Familie, mit meiner Frau, mit den Kindern. Ich bekomme professionelle Hilfe durch die Gesellschaft, ich mache Therapien. Wichtig aber ist für mich der Halt, den ich zu Hause bekomme. Man orientiert sich nach innen in einer solchen Lage, zur Familie, sie gibt mir Kraft.

Wir schaffen es gemeinsam. 1995, knapp fünf Jahre nach der Sturmnacht, kehre ich sogar zur Gesellschaft zurück, als freiwilliger Seenotretter. Es wird noch lange dauern, bis ich abschließen kann mit dem Geschehen. Bei einer Geburtstagsfeier zum Beispiel kommt plötzlich alles wieder hoch, ich sitze am Tisch und sehe die Szenen in meinem Kopf. Wir sind nach Bayern gefahren, in die Berge, ich musste weg vom Wasser.

Der Eigner der Jacht, die wir in der Nacht des 20. August retteten, hat sein Boot wenig später verkauft. Wie ich gehört habe, wollte er nicht mehr hinaus aufs Wasser. Ich kann ihn verstehen.

Dieter Steffens, Jahrgang 1960, stammt aus einer Dynastie von Seenotrettern. Seit es die Deutsche Gesellschaft zur Rettung Schiffbrüchiger DGzRS gibt, ist ein Familienmitglied der Steffens dabei. Steffens hat drei Kinder. Er lebt mit seiner Familie in Neuharlingersiel.

+++

45 Seenotretter sind seit Gründung der Gesellschaft auf See geblieben.

VORMANN
1926
1953
GEORG STEFFENS
VORMANN
1953
1958
KARL STEFFENS
VORMANN
1942
1945
STEFFEN STEFFENS
125 JAHRE
Riemen
Radione
Fischlupe
Todeswelle
Jetzt erhältlich
99,-
Mensch und Meer

+++ Seenotrettungskreuzer »Hermann Helms« +++ Mann über Bord +++ Mündungsgebiet der Elbe, auf Höhe von Tonne 44 +++ August 1998 +++

LEG DICH NICHT MIT VORMANN BÜNTING AN

Ein Ausflugsdampfer meldet »Mann über Bord!«, und die Retter beeilen sich, zum Unglücksort zu kommen. Sie erwartet ein seltsamer Notfall: Der Schiffbrüchige will sich gar nicht retten lassen. Er greift die Retter sogar an. Bis es Vormann Jörg Bünting zu bunt wird.

Die Nordsee lag ruhig da wie eine große Pfütze, und die Sonne schien an diesem Sommertag, als der Notruf kam. Ein Ausflugsdampfer auf Butterfahrt meldete: »Mann über Bord!« Seine Position: im Mündungsgebiet der Elbe, etwa auf Höhe von Tonne Nummer 44. »Mann über Bord« gehört zum Schlimmsten, was passieren kann, und bedeutet für uns: »Hebel auf den Tisch!« Weil wir die Fahrhebel, mit denen wir das Tempo regulieren, fast herunterdrücken. Innerhalb von drei Minuten sind wir einsatzbereit, die Motoren werden jederzeit vorgewärmt. Es kam schon vor, dass der Vormann (so heißt der Kapitän eines Rettungskreuzers) im Schlafanzug losraste, weil er länger brauchte, um einsatzbereit zu sein, als sein Schiff.

Vier Mann arbeiten rund um die Uhr auf unserem Kreuzer, zwei Kapitäne und zwei Maschinisten, die zuständig sind für die Maschine. Die *Hermann Helms* – 27 Meter lang, 6,53 Meter breit und 3194 PS stark –

liegt am Ende einer langen Pier, am Rande des Fährhafens von Cuxhaven. In weniger als einer halben Stunde würden wir die Position des Ausflugsschiffs erreicht haben.

Wir rasten mit 23 Knoten durch die See, äußerste Kraft voraus. Ich konnte durch mein Fernglas schon aus einiger Entfernung erkennen, dass das Ausflugsschiff ein Beiboot ausgesetzt hatte, um den Schiffbrüchigen zu bergen. Was nicht unbedingt Erfolg versprechend aussah, denn ich erkannte einen jungen Mann in tadellos weißer Uniform, der mehr damit beschäftigt war, sich an Bord des Beiboots zu halten, als wirklich zu helfen. Vor allem aber schien es, als wollte sich der Schiffbrüchige gar nicht helfen lassen. Immer wenn das Boot in seine Nähe kam, tauchte er ab, um einige Meter entfernt wieder an die Oberfläche zu kommen. Seltsam war das.

Auch ein Schiff des Wasser- und Schifffahrtsamtes war zu Hilfe geeilt. Die Matrosen im Rettungsboot zögerten nicht lange. Ich sah, wie kräftige tätowierte Arme ins Meer griffen, den Schiffbrüchigen packten und mit einem Ruck herauszogen. Den schien das gar nicht zu freuen, denn er schlug nach seinen Rettern, was sich die Matrosen nicht lange gefallen ließen. Nach einigen Ohrfeigen beruhigte sich der Schreihals.

Der Tumult hatte sich gelegt, aber es war klar, dass es nur eine Frage der Zeit war, bis neuer Ärger drohte. Offenbar war der Mann nicht bei Sinnen. Wie sollten wir ihn ohne Gefahr für ihn und uns an Land bekommen? Wir entschieden, unser Tochterboot *Biene* auszusetzen. Wir fuhren damit hinüber, dankten den Matrosen und nahmen den Freischwimmer in Empfang. Zack, zog ich ihn mit einem kräftigen Griff zu uns an Bord. Sofort begann der Mann – Mitte 30, ziemlich groß und breitschultrig gebaut – auch nach mir zu schlagen, zu spucken und wüste Beschimpfungen zu brüllen. Ich drückte ihn vorsichtshalber in die Wanne der *Biene*.

In meiner Freizeit habe ich lange Kutschpferde trainiert. Einmal zum Beispiel mussten wir bei einem Einsatz ein Pferd retten, das von einer Weide ins Watt entlaufen war und beim Einsetzen der Flut zu ertrinken drohte. Ich bekam das Zaumzeug zu fassen und zog den Gaul so lange hinter dem Schlauchboot her, bis er wieder festen Boden unter den Hufen hatte. Das dauerte knapp eine Stunde, machte mir aber nichts aus.

Wer jetzt denkt: Oha, diese Seenotretter, die haben einen aufregenden Beruf! Die brausen durch den Sturm, die retten sogar Leute, die sich gar nicht retten lassen wollen – der weiß nichts von unserem Alltag. Tatsächlich ist unser Job manchmal spektakulär, wenn wir lospreschen, angeschnallt in unseren Schalen auf dem Steuerturm. Aber es gibt auch viel Routine, sehr viele Stunden Warterei, noch mehr Training. Immer wieder üben wir selbst einfache Manöver und Handgriffe, um in einer Ausnahmesituation, bei elf Beaufort oder neben einem brennenden Kutter, perfekt reagieren zu können. Als Seenotretter zu arbeiten, heißt, Teil eines Teams zu sein. Für Egoisten und Einzelkämpfer ist kein Platz auf einem Kreuzer.

Wobei man in manchem Einsatz gewisse Qualitäten im Nahkampf beweisen muss. Am wirkungsvollsten schien mir zu sein, den Randalierer, wenn es arg wurde, zu packen und auf den Boden zu drücken, um für Ruhe an Bord zu sorgen. Ob ich die Situation als bedrohlich empfand? Wieso? Ich hatte doch alles im Griff, im wahrsten Sinne.

Ein Polizeiboot traf ein. Der Beamte stieg auf die *Biene* ein und schaffte es, beruhigend auf den Krakeeler einzureden. Er hatte in der psychologischen Schulung offenbar besser aufgepasst als ich. Weil wir Worten alleine nicht trauten, ketteten wir ihn vorsichtshalber mit Handschellen an Bord, damit er nicht noch mal ins Meer sprang. Ich erinnere mich an die Geschichte eines Autodiebs, der auf der Flucht vor der Polizei versucht hatte, nach Schleswig-Holstein zu entkommen. Als Brustschwimmer.

An Bord der *Hermann Helms* begleiteten wir den Mann in die Mannschaftsmesse. Die Messe ist unser Wohnzimmer, das zwar zweckmäßig eingerichtet sein muss, weil wir dort im Ernstfall auch Verletzte versorgen. Trotzdem versuchen wir, die Unterkunft so gemütlich wie möglich zu gestalten, zum Beispiel mit Plaketten an den Wänden und einem kleinen Teddy im orangefarbenen Überlebensanzug.

Im Abstand weniger Minuten bekam unser Passagier einen merkwürdigen Glanz in den Augen und flippte aus. Einmal riss er sich los und griff nach der Dienstwaffe des Polizisten. Ich schloss die Waffe deshalb in der Kombüse weg, im Brotschrank, um genau zu sein. Nun reichte es mir. Ich warnte den Typen, bloß nicht unsere Einrichtung zu beschädigen. Es waren recht deutliche Worte, die er nicht missverstehen konnte. Man muss auch mal zeigen, wer der Chef an Bord ist.

Meine Ansage und die etwas liebevollere Betreuung durch den Polizisten bewirkten, dass wir ohne weitere Ausraster in Cuxhaven einlaufen konnten, wo ein Großaufgebot der Polizei am Kai aufgefahren war. Die Einsatzkräfte trugen Helme, Protektoren und sogar Schienbeinschützer, als ginge es gleich gegen eine Horde Hooligans. Ich wollte den Trupp aber nicht an Bord haben, weil ich finde, dass wir unsere Probleme selber regeln können. Tatsächlich ließ sich der Gerettete ohne weiteren Widerstand an Land begleiten und wurde mit einem Krankenwagen abgefahren.

Kurz darauf stellte sich heraus, dass er unter dem Einfluss diverser Drogen stand. Und dass er mehrfach vorbestraft war, unter anderem wegen schwerer Körperverletzung, schwerer Gewaltdelikte und schweren Raubes. Das war ganz sicher unser »schwerster« Fall.

Vormann **Jörg Bünting,** Jahrgang 1946, begann seine Seemannslaufbahn als Schiffsjunge. 17 Jahre lang fuhr er auf Frachtschiffen. Von 1978 bis zu seinem Ruhestand 2011 arbeitete er für die Seenotretter. Zunächst war er auf Helgoland stationiert, dann leitete er über ein Vierteljahrhundert die Station Cuxhaven. Der Vater von drei erwachsenen Kindern lebt am Rande von Aurich in Ostfriesland.

HERMANN HELMS
SAR

SAR

+++ Seenotrettungskreuzer »Nis Randers«, Station Maasholm +++ Traditionssegler »Pippilotta« in Seenot, an Bord 18 Jugendliche +++ September 1995 +++

DIE RETTUNG DER »PIPPILOTTA«

Schwerer Sturm in der Ostsee, und der Traditionssegler »Pippilotta« treibt manövrierunfähig in den Wellen. An Bord: 18 Schulkinder. Die Wellen sind zu hoch für eine Abbergung, der Rettungskreuzer muss den Dreimaster auf den Haken nehmen – aber wie? Rolf Detlefsen steht vor einer schwierigen Entscheidung.

Als wir anfahren, geht ein Ruck durch das Schiff. Die Schleppleine ist gebrochen und saust in die dunkle, tobende See. Wir stehen an Deck unseres Rettungskreuzers, der in den Wellen bockt, dass man sich kaum auf den Beinen halten kann, und sehen, wie der Großsegler *Pippilotta* 50 Meter hinter uns wieder hilflos ins Rollen gerät. Seine Masten neigen sich gefährlich zur Seite. Unser erster Versuch, das havarierte Schiff im Orkan abzuschleppen, ist gescheitert.

In dieser Nacht, im September 1995, erlebe ich einen der schwersten Stürme meines Lebens. Der Wind bläst mit mehr als zwölf Windstärken, 150 Kilometer pro Stunde verzeichnen die Messgeräte. Der Horizont gleicht einer Wand aus Wasser. Und wir stehen vor einer großen Herausforderung, denn an Bord der *Pippilotta* sind 18 Jugendliche und fürchten um ihr Leben. Wie bringen wir die sicher an Land? Sollen wir das Tochterboot zu Wasser lassen und sie einzeln abbergen? Viel zu gefährlich, immer wieder so nah an den wild rollenden Segler heranzufahren. Wir haben keine Wahl – wir müssen die gebrochene Trosse, die mit einem Ende noch immer am Seenotkreuzer hängt, Meter für Meter einholen und das Manöver von vorn beginnen. Wir haben zu diesem Zeitpunkt bereits jedes Zeitgefühl verloren, so lange sind wir schon auf See.

Denn wir haben unsere Station in Maasholm noch vor Sonnenaufgang verlassen, um mit unserem Kreuzer *Nis Randers* an einer Übung teilzunehmen. An Bord sind außer mir Vormann Jens Laß, Peter Thomssen, Reinhold Schulz und mein jüngerer Bruder Sven, es ist eine seiner ersten Fahrten als Seenotretter. Das Wetter ist lausig und wird immer schlechter, und als wir nach einem anstrengenden Tag zurück in den Hafen steuern, türmen sich schon meterhohe Wellen an der Mündung der Schlei. Die Stimmung an Bord ist trübe, wir sind froh, wenn wir im Hafen sind.

Doch bevor wir festmachen, geht der Notruf ein: Unweit der Küste treibt eine kleine Segeljacht mit Motorschaden im Sturm. Sofort gehen wir auf Gegenkurs. Der Seenotkreuzer kämpft sich durch die Wellen wieder raus auf die Ostsee. An der gemeldeten Position ist die Sicht bereits so schlecht, dass mit bloßem Auge nichts auszumachen ist. Es braucht eine Leuchtrakete und eine gehörige Portion Glück, um die Jacht in den hohen Wellen zu sichten. Schließlich können wir nach mehreren Versuchen endlich eine Leine übergeben.

Als wir sie noch im Schlepp haben, knistert das Funkgerät abermals: Der Dreimaster *Pippilotta* treibt manövrierunfähig auf offener See. Der Traditionssegler, der für Ausflüge vermietet wird, hat seinen Ankerplatz nahe unserer Station. Auf dem Schiff befindet sich eine Schülergruppe aus Süddeutschland, die ihre Klassenreise auf dem Meer verbringt. Alle sind seekrank.

Ein Seenotrettungsboot läuft uns entgegen. Wir übergeben unseren Schleppanhang und laufen wieder auf See raus.

Der Sturm hat inzwischen seine volle Kraft entfaltet. Der Horizont ist verschwunden, man sieht nur noch fliegendes Wasser. Zu allem

Überfluss steht der Wind gegen die Strömung, sodass sich eine gewaltige See aufbaut.

Nach einer halben Stunde können wir das Segelschiff vor uns erkennen. Auch jetzt im Sturm ist es eine imposante Erscheinung: Die Masten ragen 36 Meter in die Höhe, der grüne Rumpf hebt sich gespenstisch von der schwarzen See ab. An Bord hat sich die Lage drastisch verschlimmert. Um das Schiff zu stabilisieren, hat die Mannschaft versucht, den Anker zu werfen, doch das Manöver misslang. Die Ankerkette verkantete sich, der Anker lief gerade mal aus der Klüse und blieb dann hängen. Im Seegang schlug er ein Loch in die Bordwand, nun läuft Wasser hinein, und das Schiff liegt quer zu den Wellen. Die Schülerinnen und Schüler haben Zuflucht in der Messe gesucht – ich mag mir kaum vorstellen, wie es dort gerade zugeht.

Unser Vormann Jens Laß versucht, unser Heck an den Bug des Seglers zu setzen, damit wir eine Schleppleine übergeben können. Normalerweise eine leichte Übung. Doch bei diesem Seegang wird daraus ein gefährliches Unterfangen. Die *Pippilotta* ist zu langsam, um einen Kurs zu halten, und wird von den Brechern nach rechts und links geworfen. Plötzlich neigt sich das Ungetüm zur Seite, der Bug hebt sich aus den Fluten und schiebt auf uns zu. Im letzten Moment schafft es Jens, den Kreuzer zurückzusetzen.

Schließlich gelingt es uns, eine dünne Wurfleine zu übergeben, an deren Ende eine schwere Schleppleine befestigt ist. Drüben wird sie festgemacht, und ich gebe Jens das Signal zum Losfahren. Der Segler befindet sich nun genau achteraus. Als der Kreuzer zu ziehen beginnt, spannt sich die Leine, bricht nahe dem Segelschiff und verschwindet in den Fluten – bis auf das Ende, das bei uns am Schlepphaken hängt. Anscheinend hat das Wasserstag – eine Kette, die den Klüverbaum der *Pippilotta* zum Rumpf hin abspannt – die Schleppverbindung gekappt.

50 Meter Trosse zu bergen, ist eine quälend lange Arbeit. Der Kreuzer bewegt sich so stark, dass es kaum möglich ist, an Deck zu stehen. Ständig müssen wir uns mit einem Bein irgendwo festkeilen. Für den zweiten Versuch gehen wir auf Nummer sicher und befestigen einen Drahtvorläufer am Ende der Trosse. Er soll am Bug des Seglers befestigt werden, damit die Verbindung nicht noch einmal reißt. Als wir abermals eine Wurfleine übergeben und die Mannschaft der *Pippilotta* daran zieht, geht der schwere Drahtvorläufer sofort auf Tiefe.

Nun zeigt sich, dass an Bord des Havaristen eine tapfere Crew ihren Dienst tut. Durch die Dunkelheit kann ich eine zierliche Person erkennen, die sich daranmacht, das Schleppgeschirr aus dem 30 Meter tiefen Wasser zu bergen. Jedes Mal, wenn das Schiff sich absenkt, holt sie die Leine ein wenig weiter durch, bis sie Draht und Trosse endlich an Bord wuchten und belegen kann.

Auf beiden Schiffen schauen ängstliche Augen zu, wie sich die Leine langsam spannt – und sie hält. Doch in diesem Moment drückt ein riesiger Wellenberg die beiden Schiffe aufeinander zu. Bislang war es Jens gelungen, rechtzeitig Fahrt ins Schiff zu bekommen, wenn wir der manövrierunfähigen *Pippilotta* mit dem Heck gefährlich nahe kamen. Doch als er den Fahrhebel auf »Voll voraus« schiebt, sieht es nicht so aus, als ob wir entkommen. Erst kurz bevor sich die Masten der Schiffe berühren, kommt die *Nis Randers* frei. Mit langsamster Fahrt schleppen wir die *Pippilotta* durch den Sturm.

So seltsam das klingen mag: Ich versuche immer, mit dem Schlimmsten zu rechnen. Wenn der Einsatz Tag und Nacht dauert, die Hände steiffrieren und die Augen zufallen, ist es die Anspannung, die einen wach hält. Und so lässt mich der Gedanke an die verängstigten Seelen dort drüben vergessen, dass wir knapp 24 Stunden auf dem Meer sind.

Es wird schon Morgen, als wir den Marinestützpunkt Olpenitz nahe der Schlei erreichen. Auf unserem Kreuzer sieht es aus, als hätten zwei Granaten eingeschlagen. Die Schränke sind leer geräumt, die Verriegelung des Kühlschranks ist aufgebrochen, der Matjes klebt an der Decke. Im Außenfahrstand hängt Seegras.

Wir schleppen unsere Fracht durch die aufgewühlte Hafeneinfahrt bis zur Pier. Dann ist der Segler in Sicherheit. Als wir die *Pippilotta* näher begutachten, bemerken wir, wie groß das Loch ist, das der Anker geschlagen hat. Doch hinter der Öffnung ist ein wasserdichtes Schott. Es hat den Menschen an Bord das Leben gerettet.

Auf der Pier warten bereits Sanitäter und Rettungswagen auf die Schülergruppe. 18 kleine Geister tapsen von Bord, dehydriert und erledigt. Die Geschichte ist nun zwei Jahrzehnte her. Ich frage mich, ob jemand von ihnen je wieder ein Segelschiff betreten hat.

Rolf Detlefsen war früh klar, dass er zur See fahren wollte – er stammt aus einer alten Fischerfamilie. Nach dem Kapitänspatent hätte er sich am liebsten ein eigenes Schiff gekauft, der Eintritt in die DGzRS war zunächst nur eine Zwischenlösung. Doch dann blieb er zwei Jahrzehnte im Einsatz. 2009 wechselte er als Wachleiter in die Seenotrettungszentrale in Bremen.

+++ Rettungsschiff »Stoltera« +++ Retter im Visier der Stasi +++ Warnemünde +++ 1976 +++

DIE STASI KOMMT AN BORD

Er wollte Kapitän werden, hätte in der DDR Karriere machen können. Doch Wolfgang Rätzer entschied sich gegen das Parteibuch. Als Seenotretter wird er Zeuge, wie der Grenzschutz ein ganzes Volk einsperrt – bis der Mauerfall die Ostsee zum Meer der Freiheit macht.

Im Jahr der Wende erfahre ich, wie sich Freiheit anfühlt. Es ist Anfang Oktober 1990, wir überführen einen neuen Seenotkreuzer von Bremen in unsere Heimatstadt Warnemünde. Die DGzRS übernimmt dieser Tage die Stationen im Osten, die Leute werden neugierig. Fotografen und Fernsehleute warten am Hafen, Hunderte Menschen drängen sich an der Pier. Unser altersschwaches Rettungsschiff, die *Stoltera,* fährt uns mit Besuchern an Deck entgegen.

In der Euphorie lege ich den Hebel auf den Tisch: volle Fahrt! Das neue Fahrzeug macht 23 Knoten, fast dreimal so viel wie die *Stoltera.* Es fühlt sich an wie fliegen! Nun haben moderne Rettungskreuzer eine Eigenart, die ich noch nicht kenne: Bei voller Geschwindigkeit gleiten sie auf dem Wasser. Nimmt man das Gas weg, sackt der Rumpf ab und zieht eine enorme Welle neben sich her. Genau das passiert jetzt – zum Schrecken der Besucher an Land, die auf einmal bis zu den Knien durchnässt sind.

Wann immer wir in diesen Tagen von Einsätzen heimkehren, sammeln sich Menschen um den Kreuzer, machen Fotos, wollen unsere Geschichten hören. Noch ein Jahr zuvor, als Retter im deutschen Sozialismus, habe ich von solchen Szenen nicht einmal geträumt. Die DDR-Seenotrettung, bei der ich 1975 begann, war ein einziges Alibi, gegründet auf Druck internationaler Verträge. Unsere Flotte bestand aus ein paar Schlauchbooten, drei alten Rettungsbooten und zwei langsamen polnischen Schiffen, die mit modernen Kreuzern nichts gemein hatten.

Man vergisst heute gern, dass ein Badegast auf Rügen damals nicht einmal eine Luftmatratze ins Wasser tragen durfte. Der Duft der Freiheit, der über das Meer wehte, machte die Mächtigen nervös. Zwischen Heringsdorf und Lübecker Bucht pendelten Schiffe der 6. Grenzbrigade »Küste«, am Strand standen Lastwagen mit Suchscheinwerfern, um nachts Republikflüchtlinge aufzuspüren.

Fuhren Ausflügler mit einem Faltboot in die Boddengewässer, wurden sie überwacht und drangsaliert. Selbst registrierte Sportsegler durften nur zweimal im Jahr mit einer Sondergenehmigung aufs offene Meer hinaus. Wer sich etwas zu weit vom Ufer entfernte, wurde aufgebracht und bekam eine bewaffnete Eskorte in den Hafen.

Auch wir Retter hatten es nicht leicht. Bevor uns ein Notruf erreichte, sickerte er langsam durch eine komplexe Hierarchie von Grenzschutz und Verkehrsministerium. Kam das Signal zum Auslaufen, fuhren wir zunächst bis zur Zollstation am Hafenausgang. Stasi-Leute kontrollierten unsere Gesichter und durchwühlten das Schiff – es hätte sich ja ein Republikflüchtling bei uns verstecken können.

Während draußen Menschen auf Hilfe warteten, mussten wir noch unsere Seefahrtsbücher vorzeigen. Die Prozedur dauerte 20 Minuten, erst dann konnten wir in See stechen und unsere Aufgabe erfüllen. Nicht selten war der Schiffbrüchige dann schon in den Fängen des Grenzschutzes, einer Unterabteilung der NVA. »Die wahren

Retter tragen Uniformen und fahren graue Schiffe«, hieß es damals bei uns.

Doch das Unrecht in diesem Staat war groß genug, dass sich immer wieder Verzweifelte aufs Wasser wagten und schwimmend oder paddelnd den Westen ansteuerten. Die meisten wurden entdeckt und eingesammelt. So etwa ein Ingenieur der Rostocker Neptun-Werft, der sich in Warnemünde in ein Kinderschlauchboot setzte und sich aufs Meer treiben ließ – ohne Paddel, ohne Rettungsring. Als die Grenzer ihn fanden, umspült von hohen Wellen, waren Teile seines Körpers bereits abgestorben. Wir nahmen ihn in Empfang und fuhren ihn in den Hafen, ich erinnere mich noch gut an seine blauen, geschwollenen Beine.

Oder der Soldat im Faltboot, der plötzlich an die Bordwand des Frachters *Götz von Berlichingen* klopfte. Er wurde auf seiner Flucht gen Westen vom Nebel überrascht und brauchte Hilfe. Die Männer zogen ihn hinauf und hätten ihn gerne versteckt – doch schließlich entschied der Kapitän, den Fall zu melden. Er witterte eine Falle von der Stasi, denn die wartete nur darauf, ehrliche Seeleute wegen Fluchthilfe einzusperren. So haben wir auch diesen armen Teufel an Land transportiert, gut gefüttert und ihm Zigaretten zugesteckt. Wir wussten ja, dass tagelange Verhöre auf ihn warteten. Er verbrachte zwei Jahre in Bautzen, bevor die Westdeutschen ihn freikauften.

Der Mann war durchaus kein Einzelfall – bei jedem Manöver der NVA-Marine gab es Soldaten, die getürmt sind. Und nicht nur dort: Bis zur Öffnung der Grenze wurden an der Ostsee mehr als 4000 Flüchtlinge verhaftet, 174 Menschen ertranken beim Versuch, in ein besseres Leben zu entkommen.

Bei allem Mitleid, das ich empfand, habe ich solche Geschichten rasch verdrängt. Schließlich war die Überwachung für uns Alltag, wir kannten es nicht anders. Wir dachten, so etwas wie Staatsschutz gebe es in jedem Land. Und wenn einer blöd genug ist, über die Ostsee zu wollen, dann hat er eben Pech gehabt. Erst später wurden diese Dinge zu Heldentaten erklärt, und mich hat man gefragt, warum ich das alles unterstützt habe. Warum? Weil ich damit aufgewachsen bin!

Ich wäre gerne Kapitän geworden, doch um aufzusteigen, musste man pausenlos seine Loyalität unter Beweis stellen. Dazu hätte gehört, dass ich in die Partei eintrete, und das kam für mich nicht infrage. So blieb ich Erster Offizier und ging eher aus Frust zu den Seenotrettern. Hier spürte ich Wind und Wasser im Gesicht, ohne an meine Karriere zu denken. Und ich hatte eine Aufgabe.

Schließlich mussten auch wir Ost-Retter Menschen in Not helfen. Damals fuhren noch Dutzende Fischkutter von Warnemünde auf See, die immer wieder im Sturm unsere Unterstützung brauchten. Zwar sind Orkane auf der Ostsee selten. Doch hier und da brauen sich schon mal Stürme mit zwölf Windstärken zusammen. Und nicht selten fuhren wir zu den Schiffen der Grenzbeamten hinaus, weil sich ein Soldat den Finger gequetscht hatte. Es gab einfach zu viele Uniformierte da draußen.

Neben den echten Stürmen gab es noch die Schlechtwetterwolken aus der Partei, die sich in jedem Berufsstand auswirkten. Mancher Seemann konnte hoch aufsteigen, aber es reichte ein wenig Pech, dann ging es bergab, und Orden oder Verdienste zählten nicht mehr. Ich erinnere mich an einen alten Freund von der Seefahrtsschule, einst Kapitän auf Großer Fahrt, der in Verdacht geriet, bloß weil seine Mutter im Westen lebte. Eines Tages, ohne besonderen Anlass, wurde er degradiert und musste fortan in einer verstaubten Behörde Bücher in Kisten sortieren.

Dann traf es auch mich wie ein jähes Unwetter, es geschah während eines SED-Parteitags. Zu solchen Zeiten war das ganze Land in Aufruhr, im Hafen wurden die Ohren gespitzt, die Telefonleitungen glühten, jeder Windzug wurde nach oben gemeldet. Ich schob gerade Dienst auf einem Kontrollschiff des Seefahrtsamtes, als mich ein Mann ansprach und fragte, ob er altes Bauholz mitnehmen dürfe, das dort an der Pier gestapelt war. Ich folgte ihm an Land und ließ das Schiff für eine Minute aus den Augen. Als ich zurückkam, traten mir zwei Herren in den Weg, graue Anzüge, versteinerte Gesichter.

Mir war sofort klar, was passiert war: Man hatte mich von Bord gelockt. Abgelenkt durch den Fremden, hatte ich die Türen auf dem Schiff offen gelassen. Und in der wilden Fantasie eines Parteikaders hätte ein Flüchtling an Bord schlüpfen können. Es war ein plumper Trick, um möglichst viele erfolgreiche Festnahmen zu melden. Ich war in die Falle getappt, und das reichte, um mich für ein halbes Jahr außer Dienst zu stellen, Beugehaft nannte man das. Um ein Haar hätte ich auch mein Seefahrtsbuch verloren, doch ich kam dann mit einer milderen Strafe davon. Sechs Monate saß ich an Land, bei der Hafenkontrolle am Funkgerät.

In solchen Momenten spürte man als erwachsener Mensch die völlige Machtlosigkeit gegen ein System, in dem Angst und Chaos regierten. All die Feiglinge in der Führung hatten Barrieren um sich errichtet, willfährige, hörige Beamte, denen sie ihre Entscheidungen unterjubeln konnten. Diese Leute schauten mir ohne Regung ins Gesicht und entschieden über mein Schicksal. Ich bin eigentlich ziemlich erdenfest. Doch an diesem Tag habe ich geheult, ganz einfach geheult.

Stasi-Leute hatten sich auch bei uns Seenotrettern eingeschlichen, zumeist als Freiwillige, und es wurden immer mehr. Ich nehme an, dass kurz vor der Wende jeder Fünfte ein Inoffizieller Mitarbeiter war. Diese Leute waren zufällig immer dann dabei, wenn ein Flüchtling aus dem Wasser gezogen wurde. Allgemein verschärfte sich die Repression, je mehr Menschen in den Westen flohen. In der gesamten Schifffahrt war das zu spüren: Als junger Seemann konnte ich im Ausland noch allein an Land gehen. Später mussten wir Gruppen bilden, irgendwann ging es nur noch zu viert, darunter musste ein Parteimitglied sein. Der Liegeplatz unseres Rettungsschiffs wurde ohnehin Tag und Nacht durch Ferngläser beobachtet.

Als die Mauer fällt, erscheinen diese Geschichten plötzlich wie Märchen aus einer anderen Welt. Ich selbst habe nur einen Wunsch: Ich will mir unbedingt ansehen, wie die Retter im anderen Deutschland arbeiten. Während die Mächtigen der Welt also über die Vereinigung von Ost und West verhandeln, setze ich mich mit zwei Kollegen in einen alten Lada und fahre zur DGzRS-Station in Maasholm. Dort werden wir herzlich empfangen, die Kollegen zeigen uns ihr Schiff, lassen mich sogar ans Steuer.

Wir fahren weiter zur Zentrale in Bremen, wo uns der technische Inspekteur der Gesellschaft in die Werft führt und einen just fertiggestellten Seenotkreuzer präsentiert. Und während wir noch den frischen rot-weißen Lack bewundern, sagt er ganz beiläufig zu mir: »Tja, Herr Rätzer, das ist jetzt ihr neues Schiff.«

Zurück in Warnemünde warten große Aufgaben auf uns. Über Nacht hat sich die deutsche Küste um ein Drittel verlängert, überall in Mecklenburg-Vorpommern werden nun Stationen umgebaut und gegründet. Unser neuer Kreuzer, dessen Bugwelle die Warnemünder Bürger nass machte, wird wenig später in einer würdigen Zeremonie getauft. Er erhält den Namen *Vormann Jantzen*, nach dem Lotsenkommandeur Stephan Jantzen, der im 19. Jahrhundert die Seenotrettung in Warnemünde geprägt hat. So kommt die DGzRS zurück in unsere Stadt, aus der sie nach dem Krieg verbannt wurde.

Kurz darauf habe ich einen merkwürdigen Traum. Sonst schlafe ich wie ein Toter, aber nach den ersten Fahrten auf dem neuen Kreuzer träume ich, wie ich übers Meer fliege, zehn Meter über dem Wasser, und die Wellen sich unter mir brechen.

Tatsächlich verleiht die grenzenlose Freiheit dem Land Flügel, zumindest für eine Weile. Die Sportschifffahrt nimmt rasant zu, auf einmal können die Menschen ja tun, was sie wollen. Das bringt auch neue Probleme: Mit den unmöglichsten Gefäßen trauen sich Hasardeure und Hobbykapitäne aus Sachsen und Thüringen plötzlich aufs Wasser. Segel, Motor, Riemen oder Paddel – Hauptsache, es schwimmt.

30 Kilometer vor der Küste finden wir Schlauchboote mit Urlaubern, die nach Dorschen angeln. Mehr als einmal müssen wir Ahnungslose nötigen, bei uns an Bord zu klettern, denn wir kennen die Wetterlage besser als sie. Manche freuen sich, dass sie den Sprit für die Rückfahrt sparen können, andere sagen: »Mach dir keinen Kopf, wir kommen schon allein zurecht.« Auch das ist Freiheit.

Wolfgang Rätzer, geboren 1940, begann seine Laufbahn als Matrose im staatlichen Fischkombinat Rostock. Er wollte Nautiker werden, Kapitän auf Großer Fahrt, gab dieses Ziel aber auf und ging vorübergehend zum Seefahrtsamt. 1975 heuerte er beim Seenotrettungsdienst der DDR an. Nach der Wiedervereinigung gingen die Stationen wieder an die DGzRS über. Bis zu seiner Pensionierung 2001 war er in Warnemünde stationiert, wo er heute lebt.

+++ Laboe, Ostsee +++ Seenotrettungskreuzer »Theodor Heuss« +++ Einsatz zwölf Seemeilen südwestlich vom Leuchtturm Keldsnor Fyr +++ 13. März 1975, in den Morgenstunden +++

VON DER FURCHT, ZU SPÄT ZU KOMMEN

SOS auf der Ostsee: Weil Steine ins Rutschen geraten sind, droht das dänische Baggerschiff »Sten Trans« zu kentern. Für die Besatzung des Seenotkreuzers »Theodor Heuss« geht es um jede Minute. Johann Eberhardt Jr. erinnert sich an einen Wettlauf gegen die Zeit.

Mit dem Wort »Katastrophe« ist es so eine Sache, das ist eine Übertreibung, denn wir haben immer aufgepasst, dass es nicht zur Katastrophe kam. Wie viele Einsätze es im Laufe der Jahrzehnte insgesamt waren? Ich vermag es nicht zu sagen. Einen erinnere ich aber besonders gut, obwohl es so lange her ist, es war im Mai 1964. Das Wetter war ziemlich ungemütlich, sieben Windstärken aus Nordwest, dazu Regen. Gewöhnlich sind bei solchen Bedingungen nur wenige Segler und so gut wie keine Motorboote draußen, und wir dachten: Das wird ein ruhiger Tag. Doch es kam anders.

Ein Motorboot namens *Leni* hielt auf den Hafen von Laboe zu, bis zur Tonne »Kiel 5«, etwa eine halbe Seemeile westlich des Anlegers. Dann schlug es leck. Die beiden Männer an Bord – von denen einer körperlich behindert war und nicht schwimmen konnte – schöpften Wasser, doch die *Leni* sackte langsam immer weiter ab. Notfallraketen hatten sie nicht an Bord, und ihre Rufe konnte niemand hören. Zu ihrem Glück lief das niederländische Küstenmotorschiff *Voorwaarts* gerade aus der Förde hinaus. Kapitän und Lotse beobachteten, wie die *Leni* kenterte und kieloben trieb.

Der Kapitän ließ das Signalhorn ertönen – einmal lang, viermal kurz, das Signal für Gefahr.

Ich stand gerade oben im Turm, als ich es hörte. »Nimm die Relingstreppe weg! Leinen los!«, rief ich Peter Rasmussen zu, unserem Maschinisten, der eigentlich Freiwache hatte, aber zu einem Klönschnack an die Pier gekommen war. Im selben Moment stürmte mein Vater an Deck, mit der Meldung der Küstenfunkstelle Kiel Radio: Die *Voorwaarts* hatte den Seenotfall bereits gemeldet. Wir liefen sofort aus.

Auf Höhe der Tonne spitzte sich die Situation zu. Einer der Schiffbrüchigen hatte Probleme, sich über Wasser zu halten, und dem Kapitän der *Voorwaarts* wurde klar, dass keine Zeit blieb, ein Rettungsboot auszusetzen. Immer wieder wurde der Kopf des Schiffbrüchigen von den Wellen überspült. Ein Matrose erklärte sich bereit, mit einem Rettungsring ins Wasser zu springen, und der Kapitän stimmte zu. Was sie nicht bedacht hatten: Die Strömung ist stark an dieser Stelle, und in Kombination mit dem Wind gelang es dem Matrosen nicht, zur Stelle zu schwimmen. Im Gegenteil: Er trieb ab, wie uns der Lotse über Funk mitteilte.

Wir hatten also drei Rettungsfälle – und die Sache wurde noch komplizierter.

Das Wrack der *Leni* trieb Richtung der *Voorwaarts,* an deren Bordwand Jakobsleitern ausgebracht waren. Was nichts nützte, denn die Schiffbrüchigen waren bereits zu entkräftet, um danach zu greifen. Bis zu diesem Moment hatte der Kapitän die *Voorwaarts* mit langsam drehender Schraube auf Position gehalten. Doch nun trieb das gekenterte Motorboot in den Wellentunnel des Küstenmotorschiffs hinein. Dem Kapitän blieb keine andere Wahl, als die Maschine zu stoppen. Sonst bestand die Gefahr, die Schiffbrüchigen mit der Schraube schwer zu verletzen. Er gab Befehl, die Maschine zu stoppen, keinen Moment zu früh, denn die *Leni* trieb auf die Schiffsschraube zu.

Wir hatten den Matrosen aufgefischt und hielten mit voller Fahrt auf die *Voorwaarts* zu. Mein Vater stand neben mir auf der Brücke.

»Warum lassen die sich treiben? Dahinten ist eine Sandbank. Die sitzen gleich auf Grund!«, rief er mir zu. »Mensch, da, schon ist es passiert!«

Die *Voorwaarts* steckte fest, und ich glaubte, den Kapitän bis hierhin fluchen zu hören.

Wenn die Beschreibung »Rettung in letzter Minute« zutraf, dann in diesem Einsatz – ich denke, die Schiffbrüchigen hätten es keine Minute länger geschafft, sich am Rumpf der *Leni* festzuklammern. Es gelang uns, sie an Bord unseres Seenotretters zu ziehen. Unterkühlt und geschwächt waren sie, als ich sie in der Messe mit Decken und einem Becher heißem Tee versorgte. Und sehr erleichtert.

Wenig später übergaben wir eine schwere Schlepptrosse, und dann wühlte unsere *Theodor Heuss* das Küstenmotorschiff von der Sandbank. In tieferem Gewässer ankerte sie – doch das Problem des »Beiboots« am Propeller war damit noch nicht gelöst. Wir setzten unser Tochterboot aus, befestigten eine Leine am Wrack und zogen es nach mehreren Anläufen heraus. Der Matrose, den wir ebenfalls aufgenommen hatten, war schon vorher an Bord seines Schiffes gegangen. Wir verabschiedeten uns.

Bis wir wieder in Laboe an der Pier festmachten, gab es schon den nächsten Einsatz. Auf halber Strecke entdeckten wir ein Schlauchboot, dem der Sprit für den Außenborder ausgegangen war. Eine dreiköpfige Familie paddelte mit allen Kräften, doch es sah nicht so aus, als ob sie es an den Strand schaffen würden. Wir brachten sie zu ihrem Ausgangspunkt an der Falckensteiner Anlegebrücke zurück.

Schlimm ist für jeden Seenotretter der Gedanke, zu spät zu kommen. Wenn man auf dem Weg zu einem Menschen in Seenot ist und weiß, dass es um jede Minute geht. Oft ist das der Fall, und besonders kritisch wurde es bei einer der größten Rettungen, die ich als Vormann der *Theodor Heuss* meistern musste. Es war am 12. März 1975, und der Wetterdienst hatte eine Warnmeldung an alle Schiffe auf der Ostsee

Eine Legende an der Ostsee: Johann Eberhardt (Senior), der Vater von Johann Eberhardt Jr., im Einsatz.

herausgegeben. Vorsorglich rief ich unsere freiwilligen Retter an und bat sie, abrufbereit zu sein. Ich hatte so ein komisches Gefühl.

Der dänische Schwimmbagger *Sten Trans* hatte auf der Insel Samsø abgelegt, mit einer Ladung Steine für Kiel. Warum die Schiffsführung von diesem Sturm überrascht wurde – vor dem die Meteorologen ausdrücklich gewarnt hatten –, vermag ich nicht zu sagen. Als das Schiff in der Nacht aus dem Windschutz der Insel Lolland herauskam, setzten ihm die Wellen schwer zu. Brecher kamen von Backbord über, und der Rudergänger hatte Mühe, den Kurs zu halten. Eine besonders große Welle traf das Schiff.

Die Seeleute auf der Brücke erschraken, als ein dumpfes Rumpeln zu hören war. Ein Geräusch, das entsteht, wenn sich viele Steine bewegen. Sofort legte sich das Schiff leicht auf die Seite, mit acht Grad, und richtete sich nicht mehr auf. Der Kapitän ließ alle Crewmitglieder wecken. Mit jeder großen Welle legte sich die *Sten Trans* ein wenig mehr auf die Seite. Wenn kein Wunder geschah, war es nur eine Frage der Zeit, wann das Schiff kenterte.

»Mayday, Mayday, Mayday! Dänischer Kiesbagger *Sten Trans!* Haben 15 Grad Schlagseite, wir drohen zu kentern. Position: zehn Meilen südwestlich von Langeland!«, lautete die Meldung.

Es war tiefe Nacht, und ich hatte fest geschlafen, doch als ich den Notruf hörte, saß ich sofort aufrecht in meiner Koje. Keine Minute später stürmten Maschinist Peter Vöge und ich auf die Brücke. Vöge rief den freiwilligen Rettungsmann, ich kontaktierte die Küstenfunkstelle. In weniger als zehn Minuten waren wir auslaufbereit, doch ins Einsatzgebiet würden wir vermutlich eine Stunde brauchen, wegen des schweren Seegangs. Ich trat an Deck. Sturm und Brandung mischten sich, ich sah Rettungsmann Hildebrand, der mit seinem Fahrrad auf die Pier sauste. Er sprang an Bord.

Als wir den Hafen von Laboe verließen und das Ehrenmal der U-Boot-Fahrer passierten, Kurs offene Ostsee, war sofort klar, welcher Ritt uns bevorstand. Grobe See, direkt von vorne. Unser Rettungskreuzer setzte hart ein. Ich hatte Probleme mit der Sicht, denn Gischt und

Schaumfetzen wirbelten hinauf bis zum Turm. »Soll ich etwas Fahrt herausnehmen?«, überlegte ich. »Hält der Kreuzer das aus?« Doch dann kam Vöge mit Nachrichten vom Baggerschiff, und meine Gedanken hatten sich erledigt: 50 Grad Schlagseite, Reling unter Wasser, höchste Kentergefahr. »Wir bereiten uns darauf vor, das Schiff zu verlassen«, meldete die *Sten Trans.* »Wann könnt ihr bei uns sein?« Ich erhöhte das Tempo.

Ein SAR-Hubschrauber war nun auch in der Luft und sollte etwa zeitgleich mit uns eintreffen. Eine halbe Stunde noch, schätzte ich. Das Boot sprang über die Wellen, ich fuhr wirklich am Limit. Es war ziemlich genau fünf Uhr, noch drei Meilen bis zum Havaristen, als die Meldung eintraf, die wir befürchtet hatten: »Zwölf Männer gehen in Rettungsinsel. Kapitän bleibt mit zwei Mann an Bord.«

Dann brach die Funkverbindung ab.

In der Ferne erkannten wir, dass eine Notrakete aufstieg, eine zweite folgte. Vöge schaltete den Suchscheinwerfer an und hielt auf die Stelle zu. Weiße Wellenkämme waren zu sehen, und dazwischen: die Rettungsinsel! Es war genau 5:14 Uhr, wir schoben uns langsam und vorsichtig an sie heran. Vöge gelang es, eine Leinenverbindung herzustellen, und er zog mit Hildebrand die Insel vorsichtig zu uns.

Ich hörte ein Rotorengeräusch, das lauter wurde: Der SAR-Hubschrauber näherte sich. Der Pilot drehte eine Runde, um sich ein Bild der Lage zu machen, und blieb dann etwas versetzt über uns stehen. Mit seinem Scheinwerfer erhellte er die See, was uns die Arbeit erleichterte. Die Rettungsinsel lag direkt an der Steuerbordseite unserer *Theodor Heuss,* ein Schiffbrüchiger nach dem anderen stieg aus der Luke und kletterte das Netz hinauf. Vöge und Hildebrand halfen den durchnässten Seeleuten an Bord, der Einsatz lief zügig, aber ruhig ab.

In der Messe der *Theodor Heuss* bekamen sie trockene Trainingsanzüge und heißen Tee. Als der Pilot erkannte, dass seine Unterstützung nicht mehr benötigt wurde, drehte er ab. Die *Sten Trans* lag etwa 300 Meter vor uns, mit extremer Schlagseite, doch immerhin eine gute Nachricht: Sie schwamm noch.

Ich beobachtete, wie vom Hubschrauber ein Seil mit einer Rettungsschlinge hinabgelassen wurde. Der Pilot hatte Mühe, in den Sturmböen die Position zu halten. Die Seilwinde wurde wieder eingefahren, mit einem Mann in der Rettungsschlaufe. Ich fuhr näher an den Havaristen heran, um mit unserem Scheinwerfer zu helfen. Der zweite Mann wurde vom Deck gewinscht. Eine Böe erfasste den Helikopter, der sich drehte, pendelte, dann wieder stabilisierte. Die *Sten Trans* ragte kaum noch aus dem Wasser. Ich dachte an den Kapitän, den letzten Seemann an Bord, der sich ans Ruderhaus klammerte.

»Kommt schon, beeilt euch«, murmelte ich. Jeden Augenblick konnte das Schiff kentern und den Seemann mit in die Tiefe ziehen. Im Kegel des Scheinwerfers war zu erkennen, dass die Ostsee den Havaristen überspülte. Der Kapitän stand bis zur Hüfte im Wasser. Die Schlinge wurde wieder vom Helikopter heruntergelassen, exakt über dem Ruderhaus. Der Kapitän griff danach, streifte sie sich über – und schon trug ihn der Hubschrauber in die Höhe. Ich atmete vor Erleichterung tief durch.

»Gott sei Dank! Sie haben es geschafft«, rief Vöge neben mir.

Der Kapitän war gerade im Bauch des Hubschraubers verschwunden, als das Schiff kenterte. Es trieb einige Minuten kieloben, dann sank es. Für jeden Seemann ein beklemmendes Gefühl.

Ich steuerte die *Theodor Heuss* mit langsamer Fahrt Richtung Laboe, am Horizont war der Silberstreifen des neuen Tages zu erkennen. Über Funk hörte ich, dass Kiel Radio Schiffe vor dem Wrack warnte. Wir machten an unserer Pier fest. Die dänischen Seeleute, eingehüllt in Decken, verabschiedeten sich. Schulterklopfen, Händeschütteln. Ich sah dem Tonnenleger hinterher, der aus dem Hafen hinauslief. Eine grüne Wracktonne markiert heute die Stelle, an der die *Sten Trans* auf Grund liegt, zwölf Seemeilen südwestlich von Keldsnor Fyr, auf 18 Metern Tiefe. Die Seeleute hatten großes Glück gehabt.

Johann Eberhardt Jr., geboren 1932 im pommerschen Stolpmünde (heute Ustka, Polen), stammt aus einer Familie von Seefahrern, in der Seenotrettung eine lange Tradition hat. Alle vier Seenotretter in der Familie Eberhardt tragen den Vornamen Johann. Als aktiver Lotsengehilfe in Stolpmünde gehörte der Urgroßvater bereits vor Gründung der DGzRS zur Besatzung der dortigen Rettungsstation. Dessen Sohn, also Johann Eberhardt der Zweite, trat in seine Fußstapfen und wurde zunächst freiwilliger Rettungsmann, 1913 sogar Vormann dieser Station. So wundert es kaum, dass auch der Vater unseres »Protagonisten« in den Dreißiger jahren des vorherigen Jahrhunderts diese Familientradition fortführte, an Bord des Motorrettungsbootes »Konsul Köpke«.
Im Frühjahr 1945 musste die Familie Eberhardt kriegsbedingt ihre pommersche Heimat verlassen und entkam in die britische Besatzungszone. Dabei diente dem Großvater und weiteren Stolpmündern die »Konsul Köpke« als Fluchtfahrzeug, das er nach einem verwegenen Törn über Dänemark bis nach Bremen steuerte. Johann Eberhardt Jr., bei der Gesellschaft nur »Hänschen« Eberhardt genannt, übernahm die Aufgaben als Vormann von seinem Vater. Er verstarb am 7. Januar 2012.

Ein Vorfahre von Johann Eberhardt Jr., der eine Korkweste trägt, mit der die Seenotretter früher ausgerüstet waren.

Aus dem Album der Eberhardts, einer der Familien, die
die Geschichte der Seenotrettung geprägt haben.

Paul Lucka
NEUFAHRWASSER
Olivaerstr. 38.

+++ Seenotrettungskreuzer »Alfried Krupp« +++
Kenterung im Hubertgat +++ Zwei Seenotretter über Bord +++
1. und 2. Januar 1995 +++

SEEMANNSGRAB IM HUBERTGAT

Seit sie denken kann, ist ihr Mann zur See gefahren, setzt als Retter sein Leben aufs Spiel. Doris Gruben hat sich abgewöhnt, Angst um ihn zu haben. Doch dann kentert der Kreuzer »Alfried Krupp« im Orkan – und sie steht vor der größten Prüfung ihres Lebens.

Wenn ein Sturm zum Orkan wird, vibrieren die Fenster an der Seeseite unseres Hauses an der Nordsee. Sie klappern nicht, sondern sie dröhnen, dass es jedes Wort übertönt. Sogar die Vorhänge pendeln hin und her. Ich habe gelernt, trotzdem ruhig zu schlafen. So war es auch in jener Nacht, als Bernd auf See war.

Über die Feiertage waren die Kinder und Enkel zu Besuch, am Abend hatten wir zusammen einen Film gesehen und im Radio eine Sturmwarnung gehört. Dann gingen wir zu Bett. Am frühen Morgen weckte mich ein lautes Klopfen an der Haustür. Als ich im Nachthemd die Klinke herunterdrückte und meinen Schwager vor mir sah, wusste ich sofort, was passiert war: Ich hatte meinen Mann Bernd, die Liebe meines Lebens, an das Meer verloren.

Wir sind hier am Deich aufgewachsen, in Neuharlingersiel. Bernhard, den alle Bernd nannten, hat immer gewusst, dass aus ihm ein Seemann wird. Und weil wir uns schon als Kinder kannten, habe ich nie gefragt, ob das gut oder schlecht ist. Sein Bruder, sein Vater, sein Großvater – alle fuhren zur See, dienten auf dem Rettungskreuzer, machten bei Sturm die Leinen los. So war das eben.

Bernd fing als Fischer an und wechselte dann auch zu den Seenotrettern, wurde auf Borkum stationiert. Ich kümmerte mich um die Kinder und wartete oft wochenlang, bis er für wenige Tage zurückkehrte. Unser kleines Haus stand etwas außerhalb von Neuharlingersiel, und ich habe mich immer unabhängig gefühlt: von der Dorfgemeinschaft und von meinem Mann, wenn er auf See war. Den Haushalt allein zu führen, fiel mir leicht, denn ich stamme aus einer Handwerkerfamilie und habe mehr gelernt als mancher Schreiner.

Doch Bernds Seemannsgeschichten und sein herzhaftes Lachen, die fehlten mir oft. Dann wanderte ich am Deich entlang, schaute auf die flache, graue See und habe dem Wind meine Sorgen erzählt. Wenn Bernd zurückkam, gingen wir gemeinsam und sangen Seemannslieder, vor allem »Atlantis« von Freddy Quinn, dieses Märchen ist hier am Meer besonders schön.

Angst, dass Bernd etwas zustoßen könnte, die habe ich nicht gekannt. Wäre ich jeden Tag in Sorge gewesen, wie hätte ich dann fünf Kinder großziehen können? Sicher, den Wetterbericht habe ich gehört, ich wusste jeden Abend, wie es auf dem Meer aussieht. Ob Bernd einen gefährlichen Einsatz hatte, erfuhr ich jedoch erst hinterher.

So wusste ich auch am 1. Januar 1995 nicht, dass der Kreuzer *Alfried Krupp,* auf dem Bernd als Vormann diente, an einer Rettung vor der Küste Hollands beteiligt war. Im Orkan war ein Frachter in Seenot geraten, und ein niederländischer Retter ging beim Versuch zu helfen über Bord. Daraufhin lief eine große Suchaktion an, bei der sich auch Bernd und seine Mannschaft beteiligten. Nach zweieinhalb Stunden fand ein anderer Kreuzer den Schiffbrüchigen, und alle Einheiten kämpften sich zurück durch das aufgewühlte Meer.

Im Hubertgat vor Borkum, wo tiefes auf flaches Wasser trifft, wurde die *Alfried Krupp* von einer mächtigen Grundsee erfasst. Eine Wasserwand stürzte auf das Schiff und riss es um. Der Kreuzer kenterte durch und richtete sich wieder auf, doch er sah aus, als hätte ihn eine Riesenfaust zerquetscht. Der Mast war zerdrückt, die Maschinen standen still, Wasser brach ein, und in der Messe bohrte sich der fest verschraubte Fernseher in die Decke.

Viel schlimmer war, dass einer der Männer nicht wieder auftauchte: Der Maschinist Theo Fischer wollte gerade hinunter in den Maschinenraum steigen, als das Unglück geschah, und da war er für wenige, entscheidende Sekunden ohne Sicherungsleine.

Die Mannschaft setzte einen Notruf ab, dann fiel das Funkgerät aus, und sie schossen mehrere Leuchtraketen in die Nacht. Es dauerte eineinhalb Stunden, bis ein Rettungshubschrauber den Kreuzer fand, der ohne Antrieb unkontrolliert in den Wellen rollte. Zehn Mal versuchten die Männer, vom Vorschiff aus das Windenseil zu greifen, das sie gerettet hätte, doch alle Versuche scheiterten an der hohen Dünung. Schließlich kämpften sie sich zurück zum Aufbau. Bernd wagte als Letzter den gefährlichen Weg. Da riss ihn ein Brecher von Bord. Die rote Leuchte seiner Rettungsweste verschwand im Dunkeln.

Der Kreuzer *Otto Schülke* schleppte den Havaristen schließlich an die niederländische Küste. Auch die zwei Überlebenden waren übel zugerichtet, einem wurde das Fußgelenk zerschmettert; er konnte nie wieder zur See fahren. In den Morgenstunden des 2. Januar war die *Alfried Krupp* wieder im Hafen, und Bernds Bruder Wolfgang erhielt einen Anruf der Seenotzentrale in Bremen.

Es war etwa fünf Uhr früh, als er mit seiner Frau vor meiner Tür stand, und mein Herz raste. Wolfgang sprach geradeheraus: »Doris, ich habe schlechte Nachrichten. Das Rettungsboot ist über Kopf gegangen, und Bernd ist vermisst. Und du weißt, was das heißt: Er ist ertrunken.«

Ich brauchte keine Erklärung; mir war klar, dass kein anderer Grund meinen Schwager um diese Zeit hierhergeführt hätte. Doch konnte ich sehen, wie schwer dieser Moment für ihn war. Und so nahm ich ihn einfach in den Arm. Wir standen eine Weile da, bis ich sagte: »Lass uns reingehen, es ist doch so kalt.«

Am Küchentisch, wo sonst die Großfamilie lärmt, war es vollkommen still, nur der Sturm fauchte noch immer vor dem Haus. »Aber«, begann meine Schwägerin, »es gibt doch noch ein bisschen Hoffnung?« Wolfgang antwortete hart: »Nein, gibt es nicht!« Ich dagegen schwieg, was ihn beunruhigte. Immer wieder fragte er: »Hast du auch verstanden, was ich dir gesagt habe? Willst du die Kinder wecken?«

Ich weiß noch, dass ich mich fühlte wie ein Automat. Ich nickte, stand auf, kochte Tee, ging in die Schlafzimmer der Kinder und Enkel. Nach und nach kamen alle die Treppe herunter, völlig verstört saßen wir da. Irgendwann merkte ich, dass ich noch immer in Nachthemd und Bademantel war. Ich dachte nur: Wenn doch dieses blöde Herzklopfen mal aufhören würde! Ich hatte wirklich Angst, innerlich zu explodieren.

Drei Tage lang durchkämmten Suchtrupps das Seegebiet vor Borkum. Seenotretter, Küstenwache und Polizei suchten nach Lebenszeichen. Doch für mich gab es nicht eine Sekunde der Hoffnung: Mein geliebter Bernd war tot, und ich musste weiterleben.

Auch fehlte die Zeit, um einfach in Trauer zu versinken: Nachbarn klopften an die Tür, das Fernsehen belagerte unser Haus, das Telefon stand nicht mehr still. Ich habe bergeweise Post bewältigt und riesige Pfannen voll Bratkartoffeln gemacht. Die Leute fragten mich, wie ich eigentlich essen könne, und ich sagte: »Ich weiß es nicht, ich stopfe es einfach rein.«

Wie betäubt ging ich durch diese Zeit, ohne zu weinen oder zu lachen. Schwer war es, die Kinder leiden zu sehen. Wir hielten eng zusammen, kochten, redeten und spielten »Mensch ärgere dich nicht«. Einmal saßen meine jüngste Tochter und mein Enkel regungslos auf der Treppe. Sie sagte: »Jetzt habe ich keinen Papa mehr«, er fügte hinzu: »Und ich keinen Opa.« Da brach alles über mir zusammen.

Im Dorf sprach man viel über das Unglück, aber mir behagte es nicht, die Witwe eines Helden zu spielen. Für mich ist Bernd nicht erst seit seinem Tod ein Held. Aber musste ich das allen auf die Nase binden? Irgendwann habe ich die Besuche abgesagt und blieb zu Hause. Vier Wochen lang wollte ich trauern, dann sollte unser Leben weitergehen.

Zur Trauerfeier in Emden kamen wir nicht in Schwarz, weil wir nicht wie Geister durch die Welt laufen wollten. Wie die Leute vielleicht geguckt haben! So hat das Unglück unsere Familie noch weiter vom Dorf entfernt. Viele haben nicht verstanden, wie ich so schnell zum Alltag zurückfinden konnte oder warum ich keinen engeren Kontakt zur Witwe des Maschinisten Theo Fischer suchte. Für mich war es der einzige Weg, um am Leben zu bleiben.

Die Suche nach den zwei Ertrunkenen blieb lange erfolglos. In unserem Haus kehrte Ruhe ein, als die Fernsehteams, die tagelang auf mein Erscheinen gewartet hatten, ihre Kameras einpackten und davonfuhren. Endlich konnte ich wieder auf dem Deich wandern, meine Tochter Julia ging mit mir. Am Strand hielt ich meine Hand in das kalte Salzwasser, und sie fragte: »Warum machst du das, Mama?« Ich antwortete: »Das ist jetzt die einzige Verbindung, die wir zu Papi haben.«

Vor Juist haben sie ihn dann gefunden, nach sechs Wochen. Jugendliche entdeckten seinen Körper am Strand. Als mein Schwager ihn später sah, erkannte er ihn an der Tätowierung auf dem Unterarm. Sie zeigte einen Rettungsring, Wellen, zerbrochene Masten und die Buchstaben SOS. Bernd trug sie schon an dem Tag, als wir uns verliebten. Ich fragte damals, was es darstellt, und er sagte: »Das, Doris, ist ein Seemannsgrab.«

Acht Jahre lang saßen **Bernhard Gruben,** Jahrgang 1942, und seine spätere Frau **Doris,** geboren 1944, im selben Klassenraum, ohne sich füreinander zu interessieren. Später trafen sie sich wieder und heirateten im November 1966. Doris Gruben machte eine Lehre als kaufmännische Angestellte und arbeitete in einem Textilgeschäft in Carolinensiel, später kümmerte sie sich um die gemeinsamen Kinder. Bernhard Gruben machte sein Patent auf der Seefahrtschule in Leer und fuhr jahrelang auf einem Logger in der Hochseefischerei, bis er 1976 in die DGzRS eintrat.

SAR

+++ Seenotrettungsboot »Casper Otten«, Station Langeoog +++
auf einer Sandbank vor der Insel +++ 2004 +++

VON VÄTERN UND SÖHNEN

Ein Rettungsboot durchs Wattenmeer zu steuern, ist kein normales Hobby für einen Schüler. Doch Gerriet Leiß kennt es nicht anders. Seine Familie hilft seit Generationen Menschen auf See. Irgendjemand muss den Job halt machen, findet er.

Wenn mich nachts das Telefon weckt, legt sich ein Schalter um in meinem Kopf. Bevor das erste Klingeln endet, bin ich wach. Ich lege die Rettermontur an und setze mich aufs Fahrrad. Zehn Minuten später bin ich an der Station und starte die *Casper Otten,* unser Rettungsboot. Dieser Ablauf ist mir so vertraut, dass bis dahin nicht ein Gedanke durch meinen Kopf spukt. Aus dem Hafenbecken am Südrand der Insel geht es dann ins Wattenmeer und von dort auf die offene See. Nach 20 Minuten liegt Langeoog hinter uns, unsere lange, von Wind und See geformte Insel.

Wind und See haben auch die Geschicke meiner Familie bestimmt. Seit 1861, noch bevor es die DGzRS gab, ruderte Johann Adam Leiß bei Sturm hinaus und bewahrte Menschen vorm Ertrinken. Es war die erste Rettungsstation auf Langeoog und eine der ersten in Deutschland. Nach ihm wurde sein Bruder Vormann, später mein Großvater. Als ich sechs Jahre alt war, übernahm mein Vater die Station. Der Hafen und das alte Rettungsboot *Langeoog,* das war sein Revier, und nach Schulschluss war es für mich selbstverständlich, ihn zu besuchen. Er hat mich nicht davongejagt.

Ging dann ein Notruf ein, bin ich meistens mitgefahren. Ich weiß nicht, wie oft ich neben meinem Vater stand, während er durch die Fahrrinnen rund um die Insel steuerte, vorbei an Untiefen, die Namen tragen wie Robbenplate, Janssand und Alte Harfe. Ab und zu gab er mir das Steuer in die Hand und sagte: »Fahr mal auf die Tonne zu.« Kurz vor der Tonne hieß es dann: »Dran vorbei sollst du fahren, nicht drüber weg!«

Ich lernte die Wege, die in keiner Seekarte stehen, und die Kniffs, mit denen man sich auf See orientiert: »Wenn der Kirchturm hinter dem Baum dort verschwindet, kannst du den Kurs ändern ...« Frischte das Wetter etwas auf, wurde ich in die Kabine geschickt. Diese Art von Freizeitprogramm schien mir das Normalste auf der Welt. Auch meine Mutter war froh, wenn der Jüngste nicht zu Hause war, schließlich hatte sie vier Kinder und die Gäste unserer Pension zu versorgen. In den Ferien blieb ich manchmal mehrere Tage am Hafen und schlief auf der Krankenbahre im Rettungsboot.

Mein Vater hatte kaum Bedenken, mich mitzunehmen, solange nicht gerade ein Orkan über die Nordsee zog. Doch ich kann mich auch an Einsätze erinnern, für die ich vielleicht noch etwas zu jung war. Einmal suchten wir stundenlang in der eisigen See nach einer verschollenen Familie. Ich wusste genau: Irgendwo treiben da Vater, Mutter und Kind zwischen Langeoog und Spiekeroog.

Als wir sie schließlich aufspürten, sperrte man mich unter Deck, und dort blieb ich, bis wir im Hafen lagen und die drei Leichen von Bord getragen waren.

Wer jetzt denkt, dass ich mich bei alldem wie ein Held gefühlt hätte, den muss ich enttäuschen. Der Alltag an Bord konnte recht eintönig sein. Und aus meiner Sicht hatte mein Vater einen Beruf wie andere Väter auch. Wenn draußen auf See etwas passiert, dachte ich, muss natürlich jemand rausfahren und helfen. Und das sind eben wir. Auch meinen Schulfreunden habe ich nie viel von meinem Hobby erzählt. Prahlerei liegt mir nicht so.

Mein Vater war da ganz ähnlich. Er fuhr zur See, seit er 14 Jahre alt war. Wenn er nach einer langen Sturmnacht heimkehrte, machte er die Dinge mit sich selbst aus oder sprach mit meiner Mutter. Schauergeschichten oder Seemannsgarn hatten in unserem Haus keinen Platz. Den Begriff »Held« hören Seenotretter nicht gerne.

Auch mein Wunsch, nach der Schule ein Seefahrtspatent zu machen, war kein Zeichen von Abenteuerlust, eher von Selbstverständlichkeit. Ich kannte es ja nicht anders. Doch zum ersten Mal machte mein Vater mir einen Strich durch die Rechnung. »Lern erst mal etwas Richtiges an Land«, sagte er, »zur See kannst du später immer noch.« Ich habe mich sehr geärgert, war aber zu jung, um mich gegen ihn aufzulehnen. Er meinte es gut, schließlich fuhren damals immer mehr Reedereien unter fremder Flagge, für deutsche Seeleute wurde es immer schwerer, ein Auskommen zu finden. Also machte ich eine Bäckerlehre und arbeitete später lange in einem Fischgeschäft.

Der Gesellschaft blieb ich als Freiwilliger verbunden. Mein Leben lang fahre ich Rettungseinsätze. Als mein Vater den Posten als Vormann und Leiter der Rettungsstation aufgab, machte die Gesellschaft eine Ausnahme und ernannte mich zu seinem Nachfolger, obwohl ich bis jetzt kein Kapitänspatent besitze. Heute bereut mein Vater seine einstige Härte und sagt: »Hätte ich dich bloß nicht davon abgehalten!«

Obwohl ich in den Fußstapfen meiner Ahnen gehe – für Familiengeschichte hatte ich nie viel übrig, und ich fühle mich auch zu nichts verpflichtet. Ich erledige die Aufgabe, in die ich hineingewachsen bin. Zugegeben, dass man den Kreuzer *Vormann Leiss* nach uns getauft hat, das macht mich schon etwas stolz. Und manchmal blättere ich im Stammbuch unserer Familie, schaue mir die alte Ausrüstung und die Ruderboote an und denke: Hut ab! Ob diese Korkwesten wirklich beim Schwimmen geholfen haben?

LANGEOOG
BORKUM
TRANQUILLUS IN UNDIS

Nun bin ich seit mehr als einem Jahrzehnt Vormann. Viel hat sich nicht geändert. Ich fahre die gleichen Einsätze wie damals mit meinem Vater: Wir lotsen verirrte Segler durch die Untiefen, versorgen Boote, die einen Motorschaden haben, schleppen im Sturm Havaristen ab. Manchmal geht es um Leben und Tod, manchmal nur um Starthilfe bei Windstärke zwei. Doch irgendwann wird alles im Leben zur Routine, ich führe nicht Buch über erlebte Gefahren. Was passiert, das wird verarbeitet, und dann vergesse ich es.

Im Gedächtnis bleiben eher die absurden Einsätze. Vor unserem Hauptstrand liegt eine riesige Sandbank, die bei Ebbe viele Urlauber in die Irre führt. In einer schönen Sommernacht torkelte ein frisch verliebtes Pärchen aus der Kneipe geradewegs an den Strand. Das Wasser stand niedrig, und sie wollten dort ein paar schöne Momente erleben, sagen wir mal, sie gingen spazieren. Um vier Uhr morgens klingelte dann mein Telefon.

Kurz bevor es hell wurde, hatte sich vor der Insel eine dichte Nebelbank gebildet. Unsere Turteltauben hatten die Orientierung verloren, und die Flut schnitt ihnen den Rückweg ab. Mit dem Handy hatten sie die Polizei verständigt, und 30 Minuten später steuerte ich die *Casper Otten* um die Nordwestspitze der Insel. Die Sicht betrug etwa 100 Meter, und ich wählte die Nummer der Dame.

»Sagen Sie mir, was Sie sehen«, bat ich.

Ihre Stimme klang ziemlich unbeeindruckt. »Da sind Fischkutter«, gab sie durch. Kein gutes Zeichen, die beiden mussten weit draußen auf der Sandbank sein. Dann lichtete sich der Nebel für einen Moment, und sie sagte: »Ich sehe jetzt ein weißes Boot, das ist ziemlich schnell.«

»Tja«, gab ich zurück, »das sind dann wohl wir! Jetzt sagen Sie mir mal, ob wir nach links oder rechts fahren sollen.«

Langsam ging die Sonne auf und brannte immer mehr Löcher in den Nebel, und bald entdeckten wir die beiden Verliebten. Sie standen auf dem letzten Zipfel der Sandbank, der noch aus dem Wasser ragte, eine Fläche so groß wie ein Schrebergarten. Als sie zum Boot wateten, machten sie sich die Füße nass, mehr ist ihnen nicht passiert. Vielleicht war das der Grund, warum sie gar nicht verstanden, welcher Gefahr sie entgangen waren.

Als Retter habe ich gelernt, die Dummheit mancher Menschen auszublenden und mir Bemerkungen zu verkneifen. Doch als wir an diesem Morgen durch die gleißende Sonne heimfuhren, erlaubte ich mir dann doch eine Frage: »Was bitte hatte Sie denn bei steigender Flut auf eine Sandbank gelockt?«

Die Dame gab zurück: »Wieso? Das mache ich immer so.«

Gerriet Leiß wurde 1967 geboren und wuchs auf Langeoog auf. Er machte eine Bäckerlehre, arbeitete in der Inselbäckerei Wilken Langeoog und danach in einem Fischgeschäft. Seit 2004 ist er Vormann der Station Langeoog.

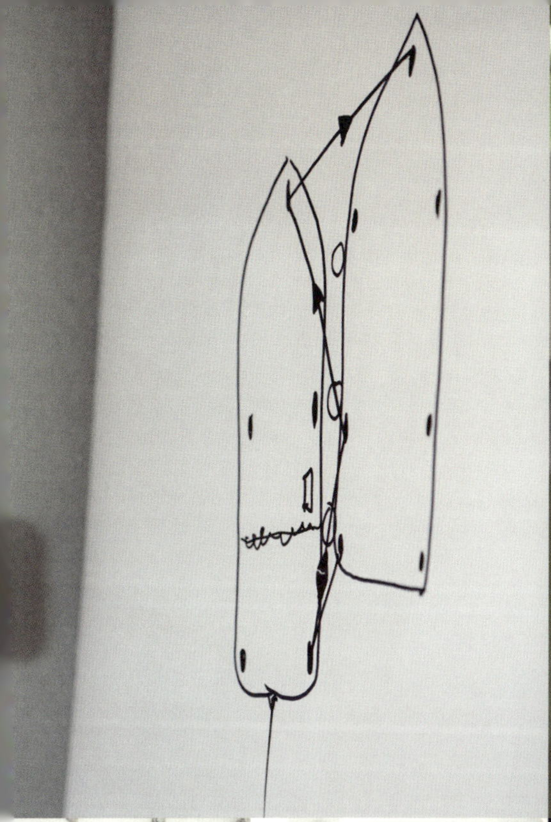

DEUTSCHE GESELLSCHAFT ZUR RETTUNG SCHIFFBRÜCHIGER · BREMEN ·

DIE SEENOTRETTER
DGzRS

+++ Nordergründe zwischen Mündung von Weser und Elbe +++
Seenotrettungskreuzer »Hermann Helms«, Station Cuxhaven +++
8. November 2006 +++

MEINE SCHWERSTEN 96 STUNDEN

Als erfahrener Seemann ist es Axel Berg gewohnt, in Krisenmomenten gelassen zu bleiben. Doch dann überschlagen sich innerhalb weniger Tage die Ereignisse – und dem Maschinisten steht der schwierigste Einsatz seiner Laufbahn bevor.

Vor meiner Zeit als Seenotretter bin ich als Maschinist auf Handelsschiffen gefahren, auf einer Linie nach Westafrika. Lagos, Duala, Takoradi, Conakry gehörten zu den Häfen. Wenn ich das erzähle, schauen mich manche erstaunt an und sagen: »Oha, war das nicht gefährlich?« Die Häfen Westafrikas hatten noch nie den besten Ruf, wegen der hohen Kriminalität, wegen der Piraten. Ich habe auch mal eine Leiche vorbeitreiben sehen, mit verbundenen Händen, das ist wahr. Doch ich habe mich nie unsicher gefühlt, auch nicht in den Gegenden, die wir aus mitteleuropäischer Sicht als »Slum« bezeichnen. Man geht ja nicht mit einer goldenen Uhr spazieren, sondern bewegt sich unauffällig, mit T-Shirt und Schlappen. Dann passiert einem auch nichts.

Ich war jung und kam aus Brake an der Unterweser. Ein Moloch wie Lagos war nicht nur eine neue Erfahrung für mich, das war wie eine Reise auf einen anderen Planeten. Ich habe es genossen, und ich mochte die Mentalität der Menschen in Afrika: Die hatten wenig, aber die waren immer gut drauf. Es wurde viel gelacht, auch wenn die Lage für einen Fremden deprimierend erscheinen mochte. Und die Handwerker bekamen Dinge geregelt, mit simplen Methoden und Werkzeugen. Irgendwie kriegten sie es hin, jede Reparatur, jedes Problem.

Zu jener Zeit bot die Seefahrt wegen der längeren Liegezeiten noch die Chance auf echtes Abenteuer. Wir sind als Crew oft mit dem Schlauchboot an den Strand gefahren und haben ein Barbecue gemacht. Auf dem Fluss nach Port Harcourt, Nigeria hatten wir eine Stammkneipe. Die Einheimischen holten uns mit Einbäumen von Bord ab, und wir tranken eiskaltes Bier. Die Kinder im Dorf freuten sich besonders auf uns, denn wir hatten Süßigkeiten eingesteckt.

Was ich aus diesen Jahren für mich mitgenommen habe: eine gewisse Genügsamkeit. Ich habe verstanden, wie gut es uns doch geht. Welchen Wert es hat, dass frisches Wasser aus dem Hahn läuft. Dass es einen Bäcker gibt, bei dem ich mir morgens ein Brötchen kaufen kann. Dass die Straßen befahrbar sind und eine Straßenbahn nicht nur pünktlich, sondern überhaupt kommt. Diese Kleinigkeiten sind kostbar, doch wir haben verlernt, sie zu schätzen. Wenn solche Dinge normal werden, fängt diese Nörgelei an, aus einer Sattheit heraus. Bei uns in Deutschland ist die latente Unzufriedenheit extrem ausgebildet, was ich sehr bedauere und was mich ratlos macht. Ich kann nicht verstehen, wieso das so ist.

Als es mit der Seefahrt schwieriger wurde, als die Zeit der Ausflaggungen begann, die Jobs immer schlechter bezahlt wurden und schwieriger zu finden waren, ging ich auf Montage. Für einen schwedischen Autohersteller baute ich Prüfstationen. Ich war als Maschinenbauer in Südafrika im Einsatz und habe viele Länder Europas kennengelernt. Mitte der Neunzigerjahre wollte ich sesshafter werden, wegen meiner Familie. Ich machte mein C-Patent zum Maschinisten, was zwei Jahre Schulbank in Cuxhaven bedeutete, zwischen den jungen Bengeln. Das schulische Niveau, musste ich feststellen, hatte sich deutlich verbessert. Nach der ersten Mathestunde klingelten mir die Ohren. »Alter Falter«, dachte ich, habe den Abschluss aber geschafft. 2003 bewarb ich mich bei den Seenotrettern und bekam die Stelle als Maschinist in der Station Cuxhaven.

Ich mag meinen Beruf. Er macht Sinn, und ich mag die Abwechslung. Bei schlechtem Wetter auszulaufen: kein Problem. Ich weiß ja, dass der Vormann Ahnung hat und wir das bestmögliche Material fahren. Seekrank wurde ich noch nie, auch nicht bei Beaufort elf oder zwölf, wenn wir ganz schön durchgeschüttelt werden. Was also soll uns schon passieren? Sich über Stunden festhalten zu müssen, das nervt. Doch Angst hatte ich noch nie. Ich denke, dann sollte man den Job auch nicht machen. Angst lähmt. Ich mag die Routine an Bord, die kleinen Dinge, die Abläufe. Als Leitender Maschinist kümmere ich mich um die Motoren und die Technik; im Einsatz bin ich für die Ausrüstung zuständig, für die medizinischen Geräte. Aber es packen immer alle mit an. Wir bilden uns ständig weiter, was mir gefällt. Ich habe medizinische Grundkenntnisse und weiß heute auch, wie ich den Kahn im Zweifel selbst in den nächsten Hafen lenke.

Wir erleben einigen Alltag, das ist klar. An einen Einsatz, der »lustig« war, denke ich mit einem Grinsen zurück. Ein Motorbootfahrer war in Altenbruch bei Cuxhaven mit ziemlicher Fahrt auf die Steine in der Einfahrt zum Jachthafen gelaufen. Er saß hoch und trocken und ärgerte sich ziemlich. »Scheiße, warum habe ich nicht daran gedacht«, murmelte er immer wieder. Als ich ihn ansprach, stellte sich heraus, dass seine Firma die Steine, auf denen sein Boot festsaß, geliefert hatte – und sie auch in der Elbe versenkt hatte. Sein Schwiegersohn sicherte sich ein Stück der abgerissenen Schraube: »Schenke ich ihm zu Weihnachten«, meinte er mit einem Grinsen – und da konnten wir nicht mehr.

Wir erleben natürlich auch ernste Dinge, und die zwei Einsätze, die mir besonders im Gedächtnis bleiben, ereigneten sich innerhalb von vier Tagen, die schwersten 96 Stunden meiner Laufbahn.

Zunächst gab es einen Notruf von der Mittelplate, dem größten Ölfeld Deutschlands, vor der Küste von Dithmarschen. Arbeitsunfall! Ein Mann war zwischen Ponton und Schiff gefallen und hatte schwerste Quetschungen und Brüche erlitten. Wir rasten mit einem Arzt zur Unglücksstelle. Der Mediziner legte zunächst eine Betäubung, denn das Unfallopfer schrie wegen der furchtbaren Schmerzen. Nachdem der Patient stabilisiert war, flog man ihn mit einem Helikopter aus. Er überlebte trotz seiner schweren Verletzungen, verbrachte aber einige Monate im Krankenhaus.

Wenige Stunden später ereignete sich dann ein Unglück, das mir naheging. 8. November 2006, es war ein Mittwoch. Mich beschäftigte es lange, weil ich die Personen, die darunter litten, persönlich kannte. Als junger Auszubildender hatte ich in einer kleinen Werft in Brake an der Unterweser gelernt. Zu den Stammkunden gehörte eine Fischerfamilie, die ihre Kutter reparieren und warten ließ. Eine tolle Familie, die ihre Schiffe immer tadellos pflegte, sehr sozial eingestellte Leute. Als ich über Funk hörte, dass es ihr Kutter war, den man vergeblich rief, mit ihrem Sohn an Bord, war das ein beklemmendes Gefühl.

Die *Hoheweg,* 23 Meter lang, hatte mit vier Mann Besatzung in Brake abgelegt. Es sollte in die Ostsee gehen, Restquote abfischen, Dorsch. Das Schiff war schon unterwegs Richtung Nordsee, als es zurückgerufen wurde, weil das Schwesterschiff, die *Rote Sand,* einen Maschinenschaden meldete. Die *Rote Sand* kannte ich gut, auf dem Schiff hatte ich in der Werft gearbeitet. Durch die Verzögerung war die *Hoheweg* verspätet in Bremerhaven angekommen und in einen Sturm geraten, der in dieser Nacht über den Norden zog. Ein bitterer Gedanke: Wäre alles planmäßig gelaufen, dann wäre der Kutter längst im Nord-Ostsee-Kanal gewesen, als der Wind zunahm.

Unser Vormann Jörg Bünting, den man wegen seiner mächtigen Erscheinung in Cuxhaven nur den »Elbkönig« nannte, hatte so ein Gefühl gehabt. »Die rufen die ganze Zeit einen Fischkutter, der nicht antwortet«, meinte er zu uns. »Wir laufen mal in diese Richtung.«

Um 20:41 Uhr war das Signal der Rettungsboje eingegangen, doch erst 20 Minuten später die Position 53'55,2 Nord, 008'06,1 Ost, das liegt auf den Nordergründen. Das Seegebiet zwischen Weser- und Elbmündung gilt abseits der Fahrrinne als tückisch, wegen Untiefen, Sandbänken und des flachen Wassers. Im Sturm können sich kurze und steile Wellen aufschaukeln. Auch gefährliche Grundseen sind möglich, deren Wellental bis auf den Meeresboden reicht. Eine große Rettungsaktion lief an, die Kreuzer von Norderney, Hooksiel, Bremerhaven, Büsum und Helgoland wurden alarmiert, wir waren bereits unterwegs. Wir hofften noch auf einen Fehlalarm. Vielleicht war die Boje ins Wasser gefallen? Das Wetter war nicht gut, aber auch nicht so schlecht, dass man sich um einen Hochseekutter Sorgen machen musste.

Doch dann, exakt um 22:41 Uhr, war uns klar, dass etwas Schreckliches passiert sein musste. Die See war schon »kabbelig«, wie wir sagen, Windstärke sechs bis sieben, der Seegang nahm zu. Wir saßen oben auf dem Fahrstand, angeschnallt in den Stühlen, als wir Dieselöl rochen. So intensiv, dass ich in die Maschine ging, um nachzusehen, ob es irgendwo ein Leck gab. Das Dieselöl trieb aber auf dem Wasser, und der Gestank hing über der See. Vom Kutter keine Spur. Ein Scheißgefühl. Wenig später entdeckten wir die Notfunkbake im Lichtkegel unseres Scheinwerfers. Wir haben noch die ganze Nacht und den nächsten Tag gesucht, sind immer wieder hin und her gefahren, doch mit jeder Stunde nahm die Hoffnung ab. Den Kutter fand ein Wrackortungsschiff einige Tage später. Experten stellten fest, dass er sehr schnell gekentert war. Die Fischer konnten nicht mal einen Notruf absetzen.

Vier Fischer verloren in dieser Nacht ihr Leben. Den jungen Kapitän, er hieß Sven, kannte ich, ich habe ihn als kleinen Jungen oft in der Werft gesehen. Ein zweifacher Vater von kleinen Mädchen war an Bord. Der jüngste Fischer war gerade 18 Jahre alt, ein Lehrling, es sollte seine letzte Fahrt sein, bevor er sich mit seinem Vater selbstständig machen wollte. Unser Seenotrettungskreuzer barg seine Leiche mehrere Monate später.

Was die Familien durchgemacht haben, ist kaum vorstellbar.

Axel Berg, Jahrgang 1964, kam in Brake auf die Welt. Er stammt aus einer Seemannsfamilie. Sein Bruder arbeitet beim Wasserzoll, als »Entensheriff«, wie Berg witzelt. Seit 2004 fährt er in Diensten der Seenotretter auf der Station Cuxhaven. Berg ist ein großer Eishockey-Fan der »Fischtown Pinguins« in der DEL. Er ist verheiratet und lebt mit seiner Frau und einem erwachsenen Sohn in Bremerhaven.

Kapitel
AUF
TIS

EBEL
DEN
CH! ++
2

DIE DEUTSCHE KÜSTE

+++ Seenotrettungsboot »Borkum« +++ Frachter im Orkan auf Grund +++ Crew in höchster Lebensgefahr +++ 27. November 1951 +++

DER UNTERGANG DER »TEESWOOD«

Ein schwerer Sturm bringt einen kleinen englischen Frachter in eine Notlage vor Borkum. Er strandet auf einer Sandbank und bricht auseinander. In der Brandung riskieren die Retter alles, um die Seeleute zu bergen. Die Geschichte einer Rettung, die zur Legende wurde.

Was uns am Handeln der Seenotretter fasziniert, ist das Motiv, die Rettung eines anderen über die Sorge um das eigene Leben zu stellen. Eine Selbstlosigkeit, eine, nennen wir es pathetisch: Ritterlichkeit, die heroisch erscheint. Wer traut sich, nicht nur in einen Sturm hinauszufahren, sondern dann noch Dinge zu tun, die das eigene Leben gefährden? Und dies alles hinterher mit einem Schulterzucken zu quittieren?

Die nachfolgende Geschichte spielt im November 1951 vor Borkum, der westlichsten der Ostfriesischen Inseln. Sie erinnert in ihrer Dramaturgie stark an ein Ereignis, das sich wenige Monate später, im Februar 1952, vor der Ostküste der USA zutrug. Vier Männer der US Coast Guard retteten dort mit einem kleinen, schwach motorisierten Holzboot die Besatzung des Öltankers *Pendleton* – bei eisigen Temperaturen und 20 Meter hohen Wellen – aus einem auseinanderbrechenden Wrack.

Christoffer Müller erlebte die dramatischsten Stunden seines Lebens im Sturm vor Borkum.

Allein die Ausfahrt aus dem Hafen galt angesichts der Stärke des Sturms als ein versteckter Selbstmordversuch. Courage, Todesverachtung, Heldenmut – Hollywood hat den Rettern ein Denkmal gesetzt, mit dem Blockbuster *The Finest Hours*, der weltweit Millionen Menschen in den Kinos staunen ließ.

Den drei Seenotrettern von Borkum, die ihr Leben riskierten, um die englischen Seeleute vom Wrack der *Teeswood* zu bergen, hat niemand einen Film gewidmet, nicht einmal eine kleine Dokumentation ist über sie gedreht worden. Es gab nur ein paar Meldungen in den Zeitungen Norddeutschlands – und dennoch ist die Rettung der *Teeswood*-Besatzung eine Legende, die sich in das Gedächtnis der Insel Borkum eingefräst hat.

Als wir diese Geschichte rekonstruierten, lebte von der Besatzung des Rettungsbootes nur noch Christoffer Müller. Er war zum Zeitpunkt der Gespräche schon sehr betagt, ihm fiel die Unterhaltung nach kurzer Zeit schwer. Aus diesem Grund haben wir uns für eine Erzählform entschieden, die von der Perspektive der anderen Texte in diesem Buch abweicht. Es ist eine Kurzgeschichte, die so nah wie möglich die Ereignisse der Sturmnacht wiedergeben soll.

Alle Informationen stammen aus Originalberichten der Besatzungen, aus Logbüchern, den Wetterberichten und aus den persönlichen Erinnerungen der Überlebenden.

+++ England, Ostküste, Dienstag, 27. November 1951 +++

Ein schwerer Sturm zieht aus Westen heran und jagt Wolken über die Mündung des Flusses Humber. Eine Springflut läuft gegen den Wind. Die Trawler, die den Fischereihafen von Grimsby ansteuern, kämpfen gegen die kurze, hohe See. Es sind Schleppnetzfischer, die aus Island zurückkehren, mit Rotbarsch, Seelachs und Kabeljau in den Laderäumen. Sie liegen tief im Wasser, und wenn der Bug in die See eintaucht, bricht das Salzwasser über das Vorschiff und schlägt gegen die Brücke.

Ein kleines, schwarz gestrichenes Küstenmotorschiff läuft ihnen entgegen, in Richtung offene Nordsee. Es ist die *Teeswood,* 1915 gebaut, mit einem Schornstein achtern; die Brücke befindet sich mittschiffs. Der kleine Frachter hat Schlacke geladen, Zielhafen ist Emden in Norddeutschland. Auf der Brücke steht Kapitän Samuel John Crawford und beobachtet durch sein Glas, wie ein entgegenkommender Trawler eine besonders große Welle durchbricht.

»Schweres Wetter, was?«, meint der Lotse, der neben ihm steht. »Wird weiter aufbrisen.«

»Ja, das Barometer fällt«, brummt Crawford, ein erfahrener Seemann, seit 22 Jahren im Dienst. Seit 14 Monaten ist er Kapitän der *Teeswood,* die als solides Seeschiff gilt. Sturm, heftiger Seegang und Nebel gehören zum Alltag der Besatzung auf der Nordsee; 14 Männer und ein Messejunge bilden die Crew. Immer wieder dampft die *Teeswood* zwischen Häfen in England, Dänemark, Deutschland und den Niederlanden hin und her. Niemand an Bord macht sich wegen des Wetters Sorgen. Die Seeleute haben schweres Wetter schon oft erlebt, und sie vertrauen ihrem Alten auf der Brücke. Es ist eben ein Herbststurm wie viele andere auch, typisch Nordsee – was soll schon passieren?

Es ist kurz nach 14 Uhr, als die *Teeswood* die Stelle erreicht, an der man den Lotsen absetzt. Sein Boot geht in Lee, der Lotse, er trägt Ölzeug und Südwester, klettert an einer Leiter die Bordwand hinunter und steigt um. Er hebt die Hand noch einmal zum Gruß, dann verschwindet das kleine Boot zwischen den Kronen der Wellen. Die *Teeswood* steuert schlingernd weiter und passiert kurz nach 18 Uhr das Feuerschiff *Outer Dowsing.* Von hier aus führt der Kurs beinahe schnurgerade nach Osten, quer über die Nordsee, bis zum Feuerschiff auf der Terschelling-Bank vor den Niederlanden.

Im Kartenhaus beugen sich der Erste Offizier und Kapitän Crawford über die Karten, die er auf dem Navigationstisch ausgebreitet hat. Es duftet nach Tee, den der Steward gerade hereingebracht hat.

»Acht Meilen Fahrt machen wir, Sir. Terschelling werden wir morgen Mittag querab haben«, sagt der Erste.

Der Alte misst mit dem Stechzirkel nach und nickt. »Ich lege mich ein wenig hin. Wenn etwas Besonderes ist, lassen Sie mich holen.«

Ein kalter Windstoß fegt durch die Brücke, als Crawford die Tür öffnet, das Heulen des Sturms und das Rauschen der Wellen sind zu hören. Knapp 300 Seemeilen sind es bis Terschelling.

+++ Signalstelle Borkum, 28. November, am Morgen +++

»Niemeyer sien Fust«, der schwarze Ball, der vor schwerem Sturm warnt, tanzt an den Rahen aller Signalmasten entlang der deutschen Nordseeküste. Auch die roten Laternen warnen in der Morgendämmerung vor dem, was seit Stunden auf die Küste zurollt: Ein schwerer Sturm aus Nordwesten ist angekündigt. Die See ist aufgewühlt; der Wind zerstäubt die Gischt zu einem weißen Film. Regen, Hagel und Schneeschauer gehen nieder, und jeder an der Küste weiß, dass unruhige Stunden bevorstehen. Seit der Warnung haben die meisten Schiffe einen sicheren Hafen angelaufen.

Die *Teeswood* hat sich während der Nacht durch die aufgewühlte See gekämpft und läuft nun querab der holländischen Insel Terschelling. Kapitän Crawford und der Erste stehen in Ölzeug auf der Nock und suchen mit ihren Gläsern nach den Bojen, die den minenfreien Weg zur Ansteuerungstonne in die Emsmündung weisen. Der Krieg ist erst sechs Jahre her, und noch immer treiben seine gefährlichen Hinterlassenschaften in der Nordsee. Möwen begleiten nun den Frachter, ein

Zeichen, dass die Inseln nahe sind, und Crawford kann, wenn er sich Richtung Süden wendet, einen hell leuchtenden Streifen am Horizont ausmachen. Die Lichter der Westfriesischen Inseln.

Kurz nach 15 Uhr, zwischen Ameland und Schiermonnikoog, erschüttern Schläge das Schiff. Schwere Seen rollen über das Deck, die *Teeswood* bewegt sich unruhig, wie ein bockiges Pferd. »Schiff lässt sich schwer auf Kurs halten, Sir«, meldet der Rudergänger. Crawford studiert die See: Die Wogen, die im dunklen Grau und Grün hinter dem Schiff herrollen, scheinen von Minute zu Minute höher anzuschwellen. Sie versetzen die *Teeswood* und hämmern wie Fäuste aus Wasser auf das Achterschiff. Der Kapitän macht sich nun Sorgen: Nimmt die See weiter zu, droht sie den kleinen Frachter zu überrollen, doch ein Kurswechsel ist im engen Fahrwasser unmöglich. Liegt das Schiff quer zu See, besteht Kentergefahr. Crawford verlässt die Brücke, um im Funkraum den Ems-Lotsendampfer zu rufen, doch er kehrt wenig später mit ernüchternden Neuigkeiten auf die Brücke zurück: Wegen des schweren Wetters liegt dieser nicht auf seiner üblichen Station, sondern auf Borkum-Reede.

Der Sturm nimmt weiter zu und dreht auf Nordwest, inzwischen mit Orkanstärke elf. Das Rollen des Schiffes wird immer heftiger, helle Seen laufen über das Deck, das nun ständig unter Wasser steht. Fast scheint es, als könne das Wasser kaum aus den Speigatten ablaufen. Kapitän Crawford und seine Offiziere starren nach vorne, es wird immer schwieriger, in der einsetzenden Dämmerung etwas zu erkennen. Dutzende Male wischen sie die Okulare der Gläser sauber. Ihre Augen sind von Wind und Salzwasser gereizt.

16:20 Uhr, ein Ausguck macht Meldung: »Tonne Hubertgat in Sicht!« Es ist die Ansteuerungstonne, die den Weg in die Mündung der Ems, in die Sicherheit markiert. Für die Offiziere ein Moment der Erleichterung, doch dieser Augenblick währt nur kurz. Die *Teeswood* lässt sich kaum noch steuern. Crawford gibt Befehl, die Fahrt auf »Langsam voraus« zu reduzieren, in der Hoffnung, mehr Ruhe ins Schiff zu bringen. Es gelingt, und keine zehn Minuten später passieren sie die Ansteuerungstonne, deren tiefer Ton über die See schwingt.

Doch in den nächsten Minuten verschlechtert sich die Lage. Das Fahrwasser wird flacher, und gefährliche Grundseen machen es unmöglich, die *Teeswood* auf Kurs zu halten. »Schiff gehorcht nicht mehr!«, meldet der Rudergänger. Ein Hagelschauer prasselt nieder, und das Wetter ist nun so schlecht, wie es selbst Crawford in seiner Zeit auf See noch nie erlebt hat. Nichts ist mehr zu erkennen, weder die Lichter der Leuchttonnen noch die Feuer der Borkumer Leuchttürme, die Positionslampen anderer Schiffe auf Reede, nichts.

Crawford gibt hektische Befehle: »Ruder hart Backbord!«, »Maschine volle Kraft voraus!«, er erkennt schemenhaft weiße Brandungsbrecher an Steuerbordseite. Die *Teeswood* ist nahe an Land, das weiß er, gefährlich nahe. Es ist 18:20 Uhr, als sich der Kapitän zu einem Manöver entschließt, das zwei Stunden zuvor glückte: »Langsame Fahrt voraus!«

Doch diesmal funktioniert es nicht.

Mit einem entsetzlichen Schreien des Eisens, einem Knirschen und Krachen und Stöhnen, läuft die *Teeswood* auf Grund. Auf der Brücke kann sich niemand auf den Beinen halten, die Männer stürzen. Schockzustand.

»Maschine stopp!«, schreit Crawford.

Aus dem Schiffsinneren ist ein Geräusch zu hören. Es klingt wie ein Schuss, als die schweren Metallplatten auseinanderreißen. In den Gesichtern der Männer ist Furcht zu erkennen: Bricht das Schiff durch? Aus den unteren Räumen kommen die Besatzungsmitglieder auf die Brücke, einer nach dem anderen, nur die Männer in der Maschine bleiben auf ihren Posten. Auf sie wird es ankommen, wenn es gelingen soll, die *Teeswood* von der Sandbank zu manövrieren.

Der Maschinentelegraf klingelt, Befehl von der Brücke: »Rückwärts!«. Die Ingenieure öffnen die Ventile, die Kolben heben sich langsam, und die Maschine beginnt zu arbeiten. Unten im Schiffsrumpf hören die Männer, wie die Schraube rührt, in Sand und Wasser und Schlick. Sie dreht sich schwergängig, doch immerhin: Sie dreht sich. Eisen erzittert, die Maschine dampft und zischt. Minuten vergehen. Dann steht fest: Die *Teeswood* kann sich nicht aus eigener Kraft befreien.

Das Schiff sitzt fest, in diesem schweren Sturm, auf einer Sandbank. Es wird nicht lange dauern, bis die Brecher das Schiff zerschlagen oder es unter dem Gewicht der eigenen Ladung durchbricht. Der Erste hat einen Notruf und die Position abgesetzt, »Mayday«, über Norddeich Radio. Crawford zündet Seenotraketen, die in tiefem Blau in der Dunkelheit verschwinden. Das Brüllen des Sturms ist zu hören, das Schlagen der Brecher. Alle 15 Besatzungsmitglieder haben Rettungswesten angelegt.

Die Männer stehen schweigend auf der Brücke, sie frieren, niemand spricht. Sie sind Seeleute, sie wissen, wie ernst ihre Situation ist. Nun müssen sie darauf vertrauen, dass Hilfe kommt.

+++ Borkum, kurz nach 19 Uhr. Beginn der Rettungsaktion +++

Im Haus an der Richthofenstraße duftet es nach Bratkartoffeln und Fisch, das Abendessen ist gleich fertig. Vormann Wilhelm Eilers sitzt in einem Sessel und liest die Zeitung, als das Telefon klingelt.

Er weiß schon, dass ein Einsatz bevorsteht, bevor er den Hörer abnimmt.

»Britischer Dampfer *Teeswood* ist nordöstlich Rottum aufgelaufen, etwa eine Meile westlich der Leuchttonne Möwensteert. Erbitten dringend Rettungsboot!«

Eilers bestätigt, drückt auf die Gabel und wählt die Nummern seiner Rettungsmänner. Dann bestellt er ein Taxi, denn der Weg zum Hafen führt hinaus aus dem Ort, an den südlichen Dünen und der Signalstelle

Die Besatzung des Seenotrettungsboots »Borkum«: Folkert B. Meeuw, Christoffer Müller und Vormann Wilhelm Eilers (von links).

Die Männer riskierten im Orkan alles, um die Seeleute aus England in Sicherheit zu bringen.

vorbei, knapp sieben Kilometer sind es bis zum Boot. Es muss schnell gehen, es kommt auf jede Minute an.

Seine Frau und das jüngste der drei Kinder stehen im Türrahmen.

»Geht es wieder los, Willi?«

»Ja, Frachter aus England, wir müssen uns beeilen.«

Zwei der Alarmierten klopfen wenige Minuten später an die Tür. Es sind Folkert B. Meeuw, breit, stämmig gebaut, 59 Jahre alt, und Rettungsmann Christoffer Müller, 29, der schlank ist und bartlos. Müller ist ein Sohn Borkums, schon sein Großvater fuhr ein eigenes Segelschiff. Er ist ein freiwilliger Helfer, kein Seemann, sondern Klempnermeister. Das Taxi, ein Ford, hält.

»Wir haben keine Zeit, auf die anderen zu warten«, sagt Eilers. »Los!«

Der Wagen braust davon, schwerer Regen prasselt gegen die Windschutzscheibe.

Ein paar Minuten später ist der Hafen erreicht, der Wagen bremst an der Pier, die Männer eilen hinaus, die Gangway entlang, klettern an Bord. Meeuw verschwindet in der Maschine. Keine 25 Minuten nachdem der Notruf abgesetzt wurde verlässt das Rettungsboot mit drei Mann Besatzung den Hafen. »Es ging alles schnell, sehr schnell«, erinnert sich Müller später. »Wir hatten nicht mal Zeit, ein mulmiges Gefühl zu bekommen.«

Die *Borkum* ist ein Turmboot, aus Stahl gebaut, 14 Meter lang, 4,55 Meter breit, mit zwei Schrauben und einem großen Tank, der für eine Fahrt zur englischen Küste und zurück reichen würde. Das Boot taucht schwer ein in die See, als es den Schutz des langen Leitdamms hinter sich lässt. Eilers steht breitbeinig hinter dem Steuerrad. Er stammt von der Nachbarinsel Juist, doch er kennt die Gewässer rund um Borkum so gut, dass er keine Karte benötigt. Über Funk hört er, dass der Bergungsschlepper *Seefalke* bereits in der Nähe des Gestrandeten steht. Das Schiff aber hat zu viel Tiefgang und kann sich dem Havaristen nicht ausreichend nähern.

Der Ritt durch den Sturm kommt für die *Borkum* einem Rodeo gleich, doch das kleine Motorrettungsboot schiebt sich hartnäckig durch die Wellen. Vormann Eilers und die Männer arbeiten ruhig und konzentriert. Sie wissen, dass sie sich aufeinander verlassen können. Schon einige schwierige Einsätze haben sie gemeinsam gemeistert, Besatzungen von Fischkuttern gerettet, einmal waren es 25 Fahrgäste einer havarierten Fähre. Nach einer halben Stunde kommt die Silhouette der *Teeswood* in der aufgewühlten See in Sicht, wie ein Schatten. An Deck entzündet jemand wieder ein Signalfeuer, und zwischen Hagel und Regen ist das Meer in blaues Licht getaucht.

Es sieht gespenstisch aus.

»Schiff bricht durch! Vorschiff voller Wasser!«, hallt es auf Englisch durchs Funkgerät.

Vormann Eilers steuert näher heran, und die Besatzung der *Seefalke* richtet einen starken Scheinwerfer auf den Havaristen. Die *Teeswood* liegt auf der Sandbank und wird Stück um Stück von den Wellen zerschlagen. Der größte Teil der Besatzung hat sich auf der Back versammelt, wie der Vormann erkennt, einige Männer meint er auf der Brücke auszumachen.

»Liegt genau mit dem Heck gegen Wind und See!«, ruft Eilers seinen Kameraden zu. An keiner Seite des Frachters ist Lee, also ein Windschutz, in dem man das Rettungsboot etwas gefahrloser heransteuern könnte. Eilers beobachtet die See. Dann fasst er einen Entschluss.

Er will es von Backbordseite versuchen.

+++ Die »Teeswood« bricht auseinander +++

Kapitän Crawford wacht an Deck darüber, ob die Verbände nachgeben, als zuerst ein heller Knall und dann ein dumpfer Schlag durch die Dunkelheit hallen. Im Licht der *Seefalke* erkennt er einen Riss in seinem Schiff. Er sieht, wie der Stahl zerreißt und ein Loch entsteht.

Mit jedem Brecher, der auf das Schiff einhämmert, wird dieses Loch größer. Crawford gibt sofort Befehl, die Männer aus dem Maschinenraum holen zu lassen.

»Alle runter aufs Vorschiff! Sofort!«

Die Männer hasten den Niedergang herunter, so schnell sie können, sie weichen den Wellen aus und springen über den Riss. Auf der Back sammeln sie sich, atemlos und durchnässt. Wenig später ein Stöhnen, ein Schreien, ein Brüllen des Metalls: Der Riss geht nun einmal quer durch den Rumpf. Das Achterschiff sackt ab. Die Wellen, die das Deck überspülen, verschwinden in diesem Abgrund. Stumm vor Entsetzen sieht die Crew der *Teeswood* zu, wie ihr Schiff in zwei Teile zerbricht.

Die Männer frieren, durchnässt von Salzwasser und Gischt, einige tragen nicht einmal Mäntel zum Schutz vor der Kälte am Leib, so hastig war ihre Flucht an Deck. Nicht weit entfernt sind die Leuchtfeuer der Inseln zu erkennen. Ganz nah – und doch unerreichbar in der aufgewühlten See. In den nächsten Minuten geht es für die Seeleute um Leben und Tod.

»Boot in Sicht!«, ruft der Heizer. Augen suchen in der Dunkelheit, und tatsächlich, ein schwankender Scheinwerfer ist nun zu erkennen, der auf und nieder geht, aber auf den Rumpf der *Teeswood* zuhält. Immer näher kommt das Rettungsboot *Borkum* an Backbordseite heran, im Versuch, wenigstens etwas Windschutz auszunutzen. Eine große Welle, die zwischen Dampfer und Boot durchrauscht, verhindert das Manöver. Die *Borkum* dreht ab und versucht es wenig später erneut. Der Zweite erkennt, dass Morsezeichen abgegeben werden. Die Männer, die das Zeichenalphabet beherrschen, rufen laut aus: »Anker fallen lassen!«

Kapitän Crawford braucht keine Order zu geben, denn sein Erster ist bereits damit beschäftigt, mit einigen Matrosen die Spillbremse zu lockern. Mit einem Poltern rutscht der Anker aus der Klüse und fällt. Kapitän Crawford hebt die Hand Richtung Rettungsboot. Ihm war klar gewesen, was der Vormann bezweckte: Sein Boot könnte so nahe beim

Wrack mit dem Schwell emporgehoben und unter den Anker gedrückt werden. Was das Boot schwer beschädigen könnte.

Die *Borkum* kommt wieder heran, streicht dicht unter dem Bug hindurch und schert an Backbordseite vorbei. »Springen – Springen!«, signalisiert die Besatzung.

Springen? Wirklich springen? Niemand wagt es.

Misslingt der Sprung, braucht es ein Wunder, um noch aus der kalten Nordsee gezogen zu werden.

Die *Borkum* dreht ab, wendet und kommt ein drittes Mal auf den Frachter zu. Kapitän Crawford beobachtet das Manöver. Er steht auf, er holt tief Atem: »Entweder wir ertrinken hier an Bord oder wir ertrinken beim Versuch, ins Boot zu springen«, schreit er seinen Männern zu.

Die Tradition verlangt von ihm, als Letzter das Schiff zu verlassen. Doch in dieser Situation, das ist ihm klar, muss er mit seinem Beispiel vorangehen, denn niemand wird den Sprung riskieren. Die Männer sind eingeschüchtert. Crawford fasst den Koffer mit den Schiffspapieren und sieht zu, wie die *Borkum* wieder herankommt. Diesmal gelingt es dem Vormann, noch näher ans Wrack zu gelangen.

Der Kapitän läuft wenige Meter an und springt. Er landet an der Außenwand des Bootes, streift die Reling, doch den Rettungsmännern Meeuw und Müller gelingt es, ihn zu fassen und an Bord zu ziehen.

Das Boot dreht ab, und als es wenige Minuten später wieder zurückkehrt, steht Crawford an der Reling und winkt seinen Männern zu. Zum Maschinist Meeuw, der ihn ins Innere geleiten will, sagt er: »Ich bleibe hier stehen, bis alle meine Männer in Sicherheit sind.«

Die Minuten verstreichen. Immer wieder lenkt der Vormann das Boot nahe an den Havaristen heran, drei Männer sind bereits an Bord der *Borkum*. Bei jedem Manöver riskiert der Vormann alles, denn es ist gefährlich, mit einem solch leichten Boot so nahe an den Rumpf eines Wracks heranzusteuern. Wenn die *Borkum* es nicht schafft, kann niemand mehr helfen. Den Wellen auszuweichen und im richtigen Moment abzudrehen, erfordert Geschick und Mut.

Bei einem der nächsten Manöver geschieht es: Eine Grundsee packt das Rettungsboot, wirft es gegen die Bordwand des Wracks, gegen den Steven, wo es plötzlich stillsteht. Das Ruder hat sich hinter der Ankerkette des Dampfers verhakt. Zwei Wellen schlagen auf die *Borkum,* dann zerbrechen die Wogen das Ruderblatt, und das Boot kommt wieder frei. Neben einem Teil des Ruders ist auch eine Schraube beschädigt worden. Die *Borkum* lässt sich nur noch schwer steuern, doch Vormann Eilers denkt nicht daran, den Einsatz abzubrechen. Immer wieder lenkt er dicht an das Wrack heran, von dem ein Seemann nach dem anderen herunterspringt. Die schweren Ladebäume der *Teeswood* hat der Sturm in der Zwischenzeit in kleine Stücke gehauen und mitgerissen. 13 Männer haben Vormann Eilers und seine Leute bereits gerettet, nur zwei fehlen noch.

Doch diese beiden weigern sich, von Bord zu gehen. Sie trauen sich nicht. Es sind der Hilfskesselwärter und der Kochsteward. Sie drehen sich von der Reling weg, sie bleiben stehen und ignorieren die Zurufe der Seenotretter und ihrer Kameraden. Auch Kapitän Crawford schreit vergeblich: Die Männer sind von ihrer Furcht gelähmt. Fassungslos sehen die Helfer zu, wie eine besonders große See überkommt und die beiden wegwäscht. Der Scheinwerfer des Bergungsschleppers *Seefalke* sucht die Nordsee ab, doch er findet sie nicht.

Die Männer sind tot.

+++ Eine Insel atmet auf +++

Auf Borkum hat sich herumgesprochen, welche dramatischen Szenen sich dicht vor dem Strand abspielen. Am Hafen sammelt sich eine Menschenmenge. Die Männer tragen dicke Wintermäntel, Ölzeug und Südwester, die Röcke der Frauen flattern im Wind. Erst ist es ein Dutzend Insulaner, das zusammenkommt, doch es werden immer mehr. Sie stehen auch dicht gedrängt an der Jann-Berghaus-Straße, an der

Strandmauer, einige auf den Dünen. Sand fegt über sie hinweg, der Wind schüttelt sie, doch sie harren aus und sehen zu, wie das Rettungsboot immer wieder hin und her fährt. Das Rauschen der Brandung und die Schreie des Sturms übertönen alles, und über ihre Köpfe huscht das Feuer des Leuchtturms.

Um kurz vor neun erlischt der Scheinwerfer des Bergungsschleppers. »Sie werden alle gerettet haben«, sagt jemand aus der Menge. Das rote Backbordlicht ist in der Dunkelheit zu sehen, es bewegt sich in Richtung des Hafens.

»Eilers läuft ein!«

Die Sorge um die drei Männer von der Insel, die drei Seenotretter aus ihrer Mitte, ist nun zu spüren. Die Menschen laufen zur Mole, an der die *Borkum* festmachen wird. Im Bahnhofshotel, dem Ort für den Klatsch auf der Insel, werden wenig später die ersten Geschichten bei einem Glas heißem Grog ausgetauscht. Nicht mehr lange, dann wird es mehr Neuigkeiten geben. Ein junges Mädchen macht sich auf und läuft durch die Gassen des Dorfes, in denen das Grollen der Brandung zu hören ist, in Richtung des Hafens. Es ist die Verlobte des Rettungsmannes Christoffer Müller. Sie kann nicht ahnen, dass er bei der Rettung der *Teeswood* eine Kopfverletzung davonzog, eine Platzwunde, die versorgt werden muss. Alle drei Rettungsmänner haben leichte Verletzungen erlitten. In den Häusern von Familie Meeuw und Familie Eilers bereiten die Frauen die Ankunft ihrer Männer vor. Frau Eilers stellt schon wieder die Bratkartoffeln auf den Herd.

Um genau 21:35 Uhr macht die *Borkum* an ihrem Liegeplatz fest. Die Verletzten werden von einem Arzt behandelt, die englischen Seeleute ins Bahnhofshotel gebracht. Ein Geretteter kommt mit einer Kopfverletzung ins Hospital. Wie so oft sind die Berichte der Überlebenden von einer nüchternen Sachlichkeit, in der kein Buchstabe überflüssig ist. Kapitän Crawford schließt seinen Report mit dieser Anmerkung: »Wir 13 Überlebenden verdanken unser Leben dem außerordentlichen

Dreizehn Seeleute überlebten den Untergang der »Teeswood«:
Kapitän Crawford (2. von links) mit seinem Ersten Offizier (rechts neben ihm)
und zwei Matrosen.

Präsidiale Ehre: Vom Bundespräsidenten Theodor Heuss, dem damaligen Schirmherrn der DGzRS, erhält Christoffer Müller eine Auszeichnung für seinen mutigen Einsatz.

Mut des Rettungsbootvormannes, der sein Leben und das seiner Besatzung aufs Spiel setzte. Ich wüsste gerne, wie ich sicherstellen kann, dass diese tapferen Männer eine Anerkennung erhalten.«

Aus der Hand von Bundespräsident Theodor Heuss, damaliger Schirmherr der DGzRS, erhält Vormann Eilers einige Monate später die höchste Auszeichnung der Seenotretter, die Goldene Medaille am Bande. Die Rettungsmänner Meeuw und Müller bekommen die Silberne Medaille. Der englische Konsul spricht den Dank seines Landes aus – und überreicht der Besatzung der *Borkum* drei silberne Zigarettenkästen. Ein kleines Zeichen der Versöhnung zwischen verfeindeten Ländern, so kurz nach einem monströsen Krieg. In den Zeitungen des Nordens erscheint von der Heldentat der drei Seenotretter nur eine kleine Meldung.

Christoffer Müller erinnert sich noch an etwas anderes. An die Weihnachtspost, die jedes Jahr aus England kam. Eine Postkarte, ein Gruß zum Fest: »Merry Christmas.« Abgeschickt vom Steuermann der *Teeswood.*

Christoffer Müller verstarb im Dezember 2016 im Alter von 93 Jahren.

DGzRS

+++ Seenotrettungsboot »Walter Rose« +++
Angelunfall auf der Ostsee +++ Anfang 2000er-Jahre +++

VOM FINANZAMT AUFS SEENOT-RETTUNGSBOOT

Bis zu seiner Pensionierung war Detlev Sass Leiter eines Finanzamtes. Am Wochenende tauschte er Anzug und Krawatte gegen den roten Overall. Das eine war sein Beruf, das andere seine Berufung. Die Kameradschaft half, auch mit tragischen Einsätzen fertigzuwerden.

An den Arbeitstagen der Woche war ich Finanzbeamter, wie man sich einen Finanzbeamten vorstellt: mit Anzug und Krawatte, als Vorsteher des Amtes Neumünster. An den Wochenenden trug ich den roten Overall der Seenotretter. Dann wurde aus dem Regierungsdirektor Detlev Sass Seenotretter »Dedel«. Heute bin ich zwar pensioniert, doch als Vormann der Station Schilksee war ich bis zum Frühjahr 2017 noch immer im Dienst, als einer von 25 Freiwilligen unserer Station.

»Wen haben Sie denn diesmal am Wochenende gerettet?«, fragten mich früher die Kollegen im Amt, die fanden das witzig. Der Kontrast könnte ja auch kaum größer sein: von der Amtsstube mit knapp 150 Mitarbeitern und einem Prüfungssteuervolumen von einigen 100 Millionen Euro auf das Rettungsboot.

Unsere Station Schilksee liegt am westlichen Ausgang der Kieler Förde. 1972 hat man sie anlässlich der Olympischen Spiele gegründet. Unser

Revier erstreckt sich über die Innen- und Außenförde mit der Strander Bucht, den Untiefen Stollergrund und Gabelsflach bis zum östlichen Eingang der Eckernförder Bucht. Dass wir reichlich zu tun haben, ist nicht übertrieben: Knapp 5000 Sportboote und Jachten liegen im Revier; hinzu kommen die Fähren, die nach Skandinavien gehen, die Frachtschiffe, die den Nord-Ostsee-Kanal ansteuern und immer mehr Kreuzfahrtschiffe. Allein den Nord-Ostsee-Kanal passieren laut Wasser- und Schifffahrtsamt Kiel-Holtenau im Jahr weit über 30 000 Handels- und Sportschiffe.

Ich liebe das Meer. Ich genieße es, draußen auf dem Wasser zu sein. Schon früh habe ich das Segeln gelernt, und ich spielte mit dem Gedanken, Seemann zu werden, doch meine Mutter wehrte sich dagegen. Mein Vater war als U-Boot-Kommandant im Krieg geblieben. Einen Seemann verlieren? Nein, das wollte sie nicht. So entsprach ich ihrem Wunsch, studierte zunächst Jura, lernte statt Nautik Verwaltungsrecht und wurde Kapitän eines Finanzamtes. Ich bin meinem Arbeitgeber und meiner Familie dankbar, dass sie mein Engagement in den vielen Jahren immer unterstützt haben. Wenn die Partnerin oder der Partner nicht mitzieht, können wir unsere Aufgaben nicht erfüllen. Rund um die Uhr war ich per Alarm-Pieper erreichbar und hätte im Notfall auch aus der Amtsstube direkt an Bord beordert werden können.

Durch den Segelsport kam ich in den 1970er-Jahren mit den Seenotrettern in Kontakt. Mir gefielen die Gemeinschaft und der Gedanke, etwas Sinnvolles zu tun. Wie viele Einsätze im Laufe der Jahrzehnte zusammengekommen sind, das kann ich nicht sagen. Spektakuläre Fahrten waren dabei: Einmal mussten wir raus, als in einem schweren Sturm mehrere Jachten in der Bucht Notrufe absetzten. Ich schätzte die Wellenhöhe auf knapp fünf Meter, wir fuhren im »Verschlusszustand« und erlebten schwere Grundseen.

Für mich ist es am schönsten, jemanden aus Seenot zu befreien. Jemandem die Hand zu reichen, der Hilfe in einer Ausnahmesituation braucht. Darum geht es doch. Zu den schlimmsten Stunden gehören

Zweifel, ob man schnell genug am Einsatzort war. Schwere Unglücke, besonders mit Kindern, haben mich sehr beschäftigt. Ich habe selber vier Kinder.

An einem Abend wurde ein Angelbootunfall gemeldet. Die See war ganz glatt, ruhiges Wetter, es war nur etwas schummrig. Der Vollmond ging auf und tauchte die Ostsee in silbernes Licht, als wir mit der Suche begannen, doch romantisch war es überhaupt nicht.

Das Boot der verunglückten Angler hatten wir rasch gefunden. Es lag in etwa zwei Metern Wassertiefe, Teile der Angelausrüstung und Eimer trieben auf der Ostsee. Und am Grund ein Stück Persenning, wie ich dachte, ein gelbes Stück Plastik. Oder war es eine Regenjacke? Ich langte vorsichtig mit dem Bootshaken danach. Ein Schreck fuhr mir in die Knochen, es traf mich wie ein Schlag in der Furchtbarkeit des Moments. Es war ein Junge. Elf Jahre alt, er war tot. Wir brachten ihn an Land, wo man den Leichnam im Rettungswagen davonfuhr. Das Bild hat mich noch lange beschäftigt, und auch der Gedanke, wie verantwortungslos es ist, mit einem Kind ohne Rettungsweste zum Angeln auf die Ostsee hinauszufahren.

Was uns allen half, mit solchen Erfahrungen umzugehen, war die Gemeinschaft. Wir haben viel miteinander geredet, im Wachraum auf der Station. Wir haben so lange miteinander geschnackt, bis der Druck im Kopf und auf dem Herzen weg war. Die Gesellschaft bietet auch eine Stresstherapie an, sicherlich ein gutes Angebot, doch noch mehr hat die Kameradschaft geholfen. Einmal retteten wir einen Segler, einen jungen Mann, Mitte 30, der mit seiner Jolle vor dem Wellenbrecher der Hafeneinfahrt gekentert war. Es war Rettung im letzten Augenblick, dachten wir, denn ein Notarzt konnte den Verunglückten reanimieren. In der Klinik ist er dann aber wenig später verstorben. Auch solche Nachrichten mussten wir verarbeiten. Es war gut, zum nächsten Einsatz hinausfahren zu können.

Lange warten müssen wir darauf in Schilksee nie.

Detlev Sass, Jahrgang 1944, ist seit 1977 bei den Seenotrettern aktiv und war von 2002 bis 2017 Vormann der Station Schilksee. Für sein ehrenamtliches Engagement wurde er mit dem Bundesverdienstkreuz ausgezeichnet. Sass ist verheiratet, hat vier Kinder und lebt mit seiner Familie in der Nähe von Kiel.

SAR

+++ Warnemünde, Ostsee +++ Seenotrettungskreuzer »Arkona« +++ Einsatz vor Warnemünde, Höhe Hotel »Neptun« +++ August 2008 +++

VON DEN GEFAHREN DER OSTSEE UND DER GUTEN »TANTE ANNA«

Im Einsatzgebiet der Station Warnemünde ist immer einiges los. Vormann Karsten Waßner beobachtet, dass manche Freizeitskipper die Ostsee falsch einschätzen. Im Laufe der Jahre hat er vieles erlebt – auch einen seltsamen Familienstreit. Eine Nachbarin möchten die Seenotretter am Alten Strom nicht missen.

Die Ostsee wird oft unterschätzt, und das ist gefährlich. Seeleute spotten über den »Ententeich« oder »die große Pfütze«, und auch viele Freizeitskipper denken, dass sie nicht so anspruchsvoll ist wie beispielsweise die Nordsee. Sie denken falsch. Die Strömungen können tückisch sein, und bei Wind baut sich rasch eine schnelle, steile Welle auf. Dann weiß man besser genau, was man tut, und hier liegt das Problem: Manche Wassersportler wissen es eben nicht. Oft ist auch die Ausrüstung schlecht. Das Ergebnis ist manchmal furchtbar. Allein an einem Wochenende im September 2016 gab es bei verschiedenen Unglücken fünf Tote zu beklagen.

Ich bin seit 1990 bei der Seenotrettung und habe mich zum Ersten Vormann hochgearbeitet, nachdem ich Nautik in Warnemünde studierte. Fernweh war meine Motivation, zur See zu fahren, wie für so viele.

Ich bin als Matrose drei Reisen gefahren, als Matrose der DSR, der staatlichen Reederei der DDR. Dann entschied ich mich, Seeleuten in Not helfen zu wollen. Die Seenotrettung hatten in der DDR verschiedene staatliche Dienststellen übernommen, zunächst das Wasserstraßenamt Stralsund, dann die Hafenbehörde des Bezirks Rostock, ab 1964 das Seefahrtsamt der DDR. Die Wendejahre waren spannend für uns alle.

Zu meinen Aufgaben gehörte es, die ehemaligen Stationen zu begutachten: Welche Gebäude und Schuppen konnten wir noch nutzen? Die Integration gelang uns gut, denke ich, vor allem seemännisch gab es wenige Probleme.

Im Laufe der Jahre habe ich viel erlebt, doch ein Fall blieb mir besonders in Erinnerung: »Helfen Sie mir! Meine Frau und meine Tochter sind seekrank. Sie sind verrückt geworden! Ich musste sie unter Deck einsperren«, rief der Mann ins Funkgerät.

Wir entdeckten das Boot vor der Küste der Insel Fehmarn. Frau und Tochter beruhigten sich, als wir die Tür öffneten und ihnen versicherten, dass wir sie sicher in den Hafen bringen würden, und keine zwei Stunden später machten wir mit unserem Seenotkreuzer *Arkona* am Alten Strom in Warnemünde fest. Das wahre Drama folgte vermutlich später, denn der Familie war der Einsatz so peinlich, dass sie in getrennten Taxen davonfuhren.

Kein Einsatz ist wie der andere, und meistens kommt es darauf an, in einer Situation, in der schnelles Handeln wichtig ist, dennoch besonnen nachzudenken. Nicht nur schnell, sondern vor allem richtig müssen wir reagieren. Zum Beispiel im August 2008, als ein Segler von Bord eines Rennkatamarans vor Warnemünde stürzte, etwa in Höhe des bekannten Hotels »Neptun«. Es waren nur zwei Mann Besatzung an Bord, und der Steuermann versuchte vergeblich, seinen Kameraden zu retten. Dann verlor er ihn aus den Augen. Was kein Wunder war, denn der Mann trug einen schwarzen Neoprenanzug und eine dunkle »Trapez-Weste«.

So gekleidet, ist man in der See kaum zu erkennen, und zudem nahm der Wind zu und damit der Schwell. Der Mann tat das einzig Richtige. Er segelte an Land und löste einen Alarm aus.

Unsere Seenotleitung in Bremen leitete umgehend eine große Suche ein, an der sich mehrere DGzRS-Einheiten, zwei Hubschrauber und auch die Kollegen des Seenotrettungskreuzers *Vormann Jantzen* beteiligten. Eigentlich war die *Vormann Jantzen* vor Ort, um Touristen unsere Arbeit zu erklären, und die Gäste, die an diesem Feriennachmittag zum »Open Ship« an Bord waren, mussten schnell an Land.

Obwohl so viele Augen das Wasser absuchten, konnten wir den Mann nicht finden. Die Uhr lief gegen ihn und gegen uns, und der Wind aus Südwesten nahm auf fünf Beaufort zu, bei einem Meter Wellenhöhe. Wir überlegten und brachten dann Puppen aus, sogenannte »Totmänner«, die Größe und Gewicht eines Menschen entsprechen. Auf diese Art kann man sehen, wohin ein Schiffbrüchiger treibt. Der Totmann trieb zügig nach Norden ab, in Richtung der offenen See und der Route der großen Fähren, die von Warnemünde aus Skandinavien ansteuern.

Knapp zwei Seemeilen (3,6 Kilometer) von der eigentlichen Unglücksstelle entfernt entdeckte die Besatzung der *Vormann Jantzen* den Mann schließlich. So weit war er in der relativ kurzen Zeit abgetrieben. Er war stark unterkühlt, aber noch ansprechbar, und kam sofort ins Krankenhaus von Rostock. Wir hatten gerade festgemacht, als wir schon zum nächsten Einsatz ausliefen: Zwei Männer waren in einem Motorboot vom schlechten Wetter überrascht worden und befanden sich vor dem Darß in ziemlichen Schwierigkeiten.

In unserem Einsatzgebiet, bei Skippern von Segeljachten und Freizeitbooten besonders beliebt, ist eigentlich immer etwas zu tun. Es erstreckt sich von Kühlungsborn bis Wustrow und Fehmarn, und auch die viel befahrenen Seeschifffahrtsstraßen der Rostocker Häfen gehören dazu. Unsere *Arkona* ist rund um die Uhr mit vier Mann besetzt. Zwei Feuerlöschmonitore haben wir an Bord, das ist eine Besonderheit. Man kann sich die wie Wasserwerfer vorstellen. Als im Hafen von Rostock ein großer Schrottplatz brannte, konnten wir die Feuerwehrleute bei den Löscharbeiten unterstützen.

Unser Kreuzer liegt direkt am Alten Strom, und wir haben eine besondere Nachbarin: »Tante Anna«. 20 Schritte sind es für Anna Krösche von ihrer Haustür bis zum Steg. Die alte Dame, über 90 Jahre alt, ist so etwas wie die »gute Seele« unserer Station geworden. Früher brachte sie für uns häufig einen Kartoffelsalat an Bord oder buk uns einen Kuchen. Wegen des hohen Alters schafft sie das heute nicht mehr. Jetzt revanchieren wir uns bei ihr, indem wir ihr die schweren Wasserkisten ins Haus tragen. Haben wir mal von einem Fischer ein Geschenk bekommen, landet es bei »Tante Anna« in der Pfanne, und an ihren Geburtstagen trinken wir einen Kaffee. Unter besonders netten Nachbarn.

Karsten Waßner, Jahrgang 1959, kam in Wittenberge an der Elbe auf die Welt. Er ist seit 1989 bei den Seenotrettern und arbeitete sich vom Dritten zum Ersten Vormann der Station Warnemünde hoch. Waßner ist verheiratet und Vater von zwei Kindern.

DGzRS

AM LIMIT

Wer vor der deutschen Küste in Not gerät, kann sich auf die Leute von der DGzRS und ihre modernen Kreuzer verlassen. Wir sollten das aber nie als Selbstverständlichkeit verstehen – denn für die Seenotretter ist es oft ein Einsatz, bei dem sie an ihre Grenzen gehen. Und manchmal auch darüber hinaus.

Von Olaf Kanter

Dezember 1873, ein schwerer Sturm zieht über die Ostsee. Vor der Küste von Warnemünde ist ein dänisches Segelschiff in Seenot geraten und gestrandet. Vormann Stephan Jantzen kann das Wrack sehen, das etwa 200 Meter vor der Küste liegt und doch unerreichbar weit entfernt zu sein scheint. Er möchte hinrudern, um die Besatzung zu retten, die sich in höchster Gefahr befindet. Die Brandung zerschlägt das Schiff, Stunde um Stunde.

Es ist schon schwierig gewesen, die Pferde für das Gespann zusammenzubekommen, um das Rettungsboot an den Strand zu bringen; die Besitzer haben Angst um ihre Tiere, so schlimm wütet der Wind. Jetzt steht Jantzen endlich am Strand, seine Leute haben ihr Ölzeug angelegt und die obligatorischen Schwimmwesten aus Kork. Doch nun streiken sie.

Sie starren hinaus auf die kochende See und weigern sich standhaft, ins offene Boot zu steigen. »Das ist doch aussichtslos!«, sagen sie. »Wie sollen wir denn durch diese Brecher kommen? In der Finsternis!«

Jantzen willigt ein, bis Tagesanbruch zu warten. Er lässt ein Feuer anzünden, damit die Schiffbrüchigen wenigstens sehen können, dass man von ihrem Schicksal weiß.

Als der neue Tag anbricht, tobt der Sturm mit unverminderter Heftigkeit. Zwei Menschen kann Jantzen an Deck erkennen, sie haben sich offenbar an den Stumpf des gebrochenen Mastes gebunden, um nicht von den Sturzseen mitgerissen zu werden. Jantzen fordert die Männer auf, nun mit der Rettungsaktion zu beginnen. Doch sie bleiben bei ihrem »Nein«. »Ein Himmelfahrtskommando, jetzt da rauszurudern«, meint einer. Sie versuchen, mit dem Leinenschussgerät eine Verbindung zum Havaristen herzustellen. Die Rettungsaktion misslingt. Jantzen redet auf seine Männer ein, er beschwört sie – und schließlich willigen sie ein. Vier Mal pullen sie mit aller Kraft gegen die Brecher an, vier Mal kehren sie erschöpft an den Strand zurück.

Kurz vor Einbruch der Dämmerung wagen es die Leute von der DGzRS ein weiteres Mal. In einem Wellental schlägt das Boot so heftig auf, dass Jantzen von der Pinne am Kopf getroffen wird. Kurz wird ihm schwarz vor Augen, aber er hält durch, muss er auch, es ist die letzte Chance, Leben zu retten. Und tatsächlich, dieses Mal schaffen sie es, die Brandung zu überwinden und das Wrack zu erreichen. Die beiden Dänen sind schnell geborgen, aber in Sicherheit sind die Männer damit noch lange nicht. 30 Meter vom Strand entfernt erwischt sie ein mächtiger Brecher, drei Seenotretter gehen über Bord, Jantzen hält einen fest, mit der Kraft der Verzweiflung. Dann kracht das Boot im Wellental erneut auf den Grund und kentert. Die Männer landen im Wasser, klammern sich an ihr Boot, das gerade noch genug Auftrieb hat. Der nächste große Brecher wirft Retter und Gerettete an den Strand. Jantzen muss nach Hause getragen werden. Vor Erschöpfung kann er sich nicht mehr auf den Beinen halten.

Diese Geschichte, überliefert von Zeitzeugen, spielt wenige Jahre nachdem die Deutsche Gesellschaft zur Rettung Schiffbrüchiger gegründet wurde. Stephan Jantzen, Jahrgang 1827, ist wie viele Pioniere der Seenotrettung selbst lange zur See gefahren. Er kennt das Meer und seine Tücken und hat schon genug erlebt, um auch in heiklen Situationen nicht in Panik zu verfallen. Mit knapp 40 ist er vom Rostocker Rat zum Lotsenkommandeur gewählt worden und hat sein eigenes Schiff verkauft. Zusätzlich übernimmt er die Leitung des neuen DGzRS-Postens in Warnemünde. Ehrenamtlich, versteht sich. Als Seemann weiß er nur zu gut, dass es auf einem Schiff Notlagen gibt, in denen man ohne Hilfe von außen keine Chance hat. Zwischen Leben und Tod steht dann nur noch der Retter, der sich vom Strand hinauswagt in den Sturm.

Dass sich überhaupt jemand sorgt, ist zu diesem Zeitpunkt eine neue Errungenschaft. Bis ins 19. Jahrhundert regierte auf See allein der Fatalismus: Das Meer ist, wie es ist. Es holt sich, wen es will. Gottes Fügung, Gottes Fluch. Was soll der Mensch schon ausrichten gegen die Gewalten, die ein Sturm entfesseln kann? So denken die Seefahrer, so denken die Menschen an den Küsten.

Die Schicksalsergebenheit hat aber noch eine andere, eine dunkle Seite: Was die Brecher an Land werfen, gehört dem Finder, so steht es im Strandrecht. Küstenbewohner sind daher nicht unbedingt motiviert – um es vorsichtig zu formulieren –, Seeleuten in Not zu helfen. Sie sehen Strandgut als gerechten Ausgleich für den Schaden, den das Meer anrichtet. »Gott segne unseren Strand« lautet ihr zynisches Stoßgebet.

Bis am 10. September 1860 vor Borkum die *Alliance* auf Grund läuft.

Es ist nicht der heftigste Sturm, eher ein scharfer Wind aus Nordwest, aber der Kohlenfrachter aus England ist ein altes Schiff, und der Crew gelingt es nicht, sich von den Untiefen vor Borkum freizukreuzen. Die *Alliance* kracht auf die große Sandbank, die der Insel vorgelagert ist, und sitzt fest. Neun Männer sind an Bord, sie flüchten sich in die Takelage des Schiffs. Melkerinnen, die schon früh draußen bei den Kühen sind, hören ihre Hilferufe. Die Insulaner versammeln sich am Strand, wo ein Badegast, selbst Kapitän, versucht, Hilfe zu organisieren. Ohne Erfolg, niemand will mit dem eigenen Boot raus in die Brandung. Weil

»Wir leben im Einsatz in einer schwimmenden Männer-WG. Man kann sich nicht aus dem Weg gehen, wir hocken 14 Tage zusammen. Routine gehört dazu, manche nennen es Langeweile. Es läuft wie in einer Familie: Manchmal meckert einer, manchmal ist einer genervt, und plötzlich sind alle mies drauf und keiner weiß, warum eigentlich. Kleinigkeiten genügen dann, um einen Streit auszulösen: ›Wieso hast du den Tisch nicht abgewischt?‹, ›Wer hat meinen Joghurt gegessen?‹ – so ein Kram. Deshalb ist es wichtig, miteinander zu reden. Als Vormann ist man manchmal auch pädagogisch tätig.«

Jörg Rabe, Jahrgang 1958, ist Vormann auf der »Hermann Marwede«. Der größte deutsche Seenotrettungskreuzer ist rund um die Uhr mit sieben Seenotrettern besetzt und sofort einsatzbereit.

SAR
Helgoland/Deutsche Bucht
Jörg Rabe

sie das Risiko scheuen? Oder, wie ein Reporter der *Weser-Zeitung* später schreibt, weil sie sich Hoffnung auf reiche Beute machen? Wie zum Volksfest seien die Insulaner zum Strand gezogen. Als die Leichen der britischen Seeleute angespült werden, würdigt man sie angeblich keines Blickes.

Die Kunde von dem Unglück vor Borkum und der Reaktion der Inselbewohner sorgt im aufgeklärten Bürgertum Norddeutschlands für Empörung. Es ist das erste Mal, dass Protest laut wird gegen die Schicksalsergebenheit zur See. Es ist das erste Mal, dass sich die Vertreter der humanistischen Idee mit dem Thema Seenot befassen. Vielleicht ist es wirklich nicht viel, was der Mensch ausrichten kann in einer solchen Situation. Doch darf er eine solche Katastrophe einfach hinnehmen? Muss er nicht eingreifen, wo er kann? Diese Fragen stehen im Raum, und eine Erkenntnis, die heute eine Selbstverständlichkeit ist, setzt sich durch: Wo Menschen in Not sind, rücken Helfer an.

Es gibt andere Beispiele aus dieser Zeit. Das Rote Kreuz? 1863 gegründet. Der Schweizer Geschäftsmann Henry Dunant wird Zeuge, wie bei der Schlacht von Solferino Tausende Soldaten schwere Verletzungen erleiden. Er baut eine neutrale Truppe von Sanitätern auf. Der Arbeiter-Samariter-Bund? Eine Idee von sechs Berliner Zimmerleuten, die 1888 den ersten Kursus über Erste Hilfe bei Arbeitsunfällen veranstalten. Die Wasserrettung der DLRG? Gibt es erst seit 1913, als auf der Insel Rügen ein Steg einbricht und 17 Menschen ertrinken.

Für den Bremer Adolph Bermpohl bedeutet die Schilderung vom Untergang der *Alliance* eine Zäsur in seinem Leben. Er ist selbst zur See gefahren, als Steuermann auf Großseglern, und hat an Land einen Posten als Navigationslehrer übernommen. Zusammen mit dem Anwalt Carl Kuhlmay beginnt er, für die Einrichtung eines Rettungswerks an den deutschen Küsten zu trommeln. Zivilisierte Seefahrtsnationen wie die Niederlande und Großbritannien, schreibt er in seinen Artikeln für die Bremer Presse, hätten sich schon längst an den Aufbau von Rettungsstationen gemacht.

1824 haben die Engländer ihre *National Institution for the Preservation of Life from Shipwreck* gegründet, bei den Niederländern nimmt im gleichen Jahr die *Noord- en Zuid-Hollandsche Redding-Maatschappij* ihre Arbeit auf. In beiden Fällen ist es nicht der Staat, der die Initiative ergreift. Es ist das Werk engagierter Privatleute. Auch Bermpohl und seine Mitstreiter wenden sich gar nicht erst an die Institutionen, sondern gleich an die Kaufleute und Reeder in ihrer Stadt – und eben auch an alle Bürger. Nicht nur, weil sie der Politik misstrauen. Sie folgen einem Gedanken, der das deutsche Rettungswerk bis heute leitet: Nur wenn das Vorhaben von der gesamten Bevölkerung getragen wird, nur dann, wenn es von allen verstanden und unterstützt wird, kann es gelingen. Ohne die Solidarität der vielen gibt es keinen Mut der wenigen.

Es wird Zeit: 76 Schiffe gehen in den Jahren von 1854 bis 1861 allein vor der Küste Ostfrieslands verloren. Für Georg Breusing, Zollinspektor in Emden, ist das ein untragbarer Zustand; er will nicht warten, bis es eine Lösung für die gesamte Küste gibt. 1861 gründet er seinen Verein zur Rettung Schiffbrüchiger, beginnt mit dem Bau von Stationen auf Langeoog, Juist, Norderney und Baltrum. Hamburg und Bremerhaven folgen noch im selben Jahr mit eigenen Rettungsvereinen für Elbmündung und Unterweser, Bremen zwei Jahre später. Zu den frühen Aktivisten Bermpohl, Kuhlmay und Breusing stößt der Chefredakteur des *Bremer Handelsblatts,* Arwed Emminghaus. Unter seiner geschickten Vermittlung vereinigen sich die regionalen Initiativen 1865 zur Deutschen Gesellschaft zur Rettung Schiffbrüchiger.

Durch Spenden geht der Aufbau der Stationen schnell voran: Sieben Jahre später verfügt das Rettungswerk bereits über 66 Stationen, von Borkum an der Grenze zu den Niederlanden bis zum kurischen Nimmersatt im heutigen Litauen. 29 Stationen sind mit Ruderbooten ausgestattet, 20 Stationen mit Leinenschussgeräten, und an weiteren 17 Stützpunkten steht sogar beides bereit – Boot und Leinenmörser.

So ist die Lage, als Vormann Jantzen gegen die Brandung kämpft, um Seeleute vor dem sicheren Tod zu retten. Offene Boote, gut acht Meter lang, aus Stahlblech und robust, doch auch knapp eine Tonne schwer;

SAR

»Familienleben und Seefahrt, das geht einfach nicht zusammen. Am Tag meiner Hochzeit habe ich meine Laufbahn auf See aufgegeben. Vorher war ich auf Großer Fahrt, Südamerika, Ostasien. Ich habe auf einem Versorger für Ölplattformen in der Nordsee gearbeitet, von Aberdeen aus, da gab es reichlich schlechtes Wetter. Nach meiner Hochzeit war ich erst als Fernfahrer in Europa unterwegs und habe dann einen Bus durch Lübeck gefahren. Als ich am Wasser stand, ging mir durch den Kopf: ›Irgendwas fehlt mir.‹ Drei Jahre lang habe ich dann die Fähre am Priwall versetzt, bis ich eines wollte: ›Back to the roots‹, zurück aufs Wasser. Ich bewarb mich bei den Seenotrettern. Es war ein kurvenreicher Weg hierhin an Bord – aber nun habe ich doch beides: Familienleben und Seefahrt.«

Thomas Müller, Jahrgang 1958, wurde in Bremen geboren. Er ist Vormann auf der »Hermann Marwede«, die auf Helgoland stationiert ist.

die Station ist ein Schuppen, in dem der Wagen mit dem Rettungsboot steht. Sechs Pferde werden gebraucht, um den Kahn so nahe wie möglich an die Unglücksstelle zu bringen. Über einen Kippmechanismus rutscht das Boot ins Wasser, und dann geht es los.

Es schreibt sich so leicht, und als Leser macht man sich heute keine Vorstellung davon, was es bedeutet, in einem offenen Kahn im Sturm hinaus auf die tobende See zu rudern. Nur auf die eigene Muskelkraft zu vertrauen und sich gegen die Wucht der Wellen zu stemmen. Die Vordenker um Bermpohl hatten wohl die richtige Idee, als sie auf Freiwillige setzten. Denn was den Rettern der ersten Stunde abverlangt wurde, konnte man mit keinem Sold der Welt bezahlen. Freiwillige bringen eben freien Willen mit, und der macht den Unterschied, dieser unbedingte Wille zu helfen. Wenn der Notruf kommt, machen sich die Männer von der »Gesellschaft« auf den Weg, egal wie widrig die Umstände auch sein mögen.

In den ersten Jahrzehnten, von 1865 bis 1900, retten sie 2792 Menschen. Mit den bloßen Händen, so kann man das sagen.

+++

Zeitsprung ins 21. Jahrhundert: Das Schiff der DGzRS im Hafen von Helgoland misst von Bug bis Heck fast 50 Meter. Drei Propeller und insgesamt 9250 PS beschleunigen die *Hermann Marwede* auf 25 Knoten, wenn es schnell gehen muss; sie gilt als der größte und leistungsfähigste Rettungskreuzer der Welt. Ihr Bordhospital ist mit allem ausgerüstet, was ein Notarzt braucht, und wenn es der Einsatz erfordert, kann zusätzliches medizinisches Personal eingeflogen werden – die *Marwede* hat einen Landeplatz für einen Hubschrauber. Zur Crew an Bord gehören 15 Mann, Nautiker und Techniker, sie sind jederzeit einsatzbereit.

Die *Marwede* hält an einer Kreuzung von wichtigen Seewegen die Stellung: Aus Elbe, Weser und Jade läuft der Verkehr in der Deutschen Bucht zusammen, es gibt nur wenige Seegebiete auf der Welt, wo auf engstem Raum so viele Schiffe unterwegs sind. »Seenot« reicht als Begriff nicht mehr aus für das, was der Kreuzer zu leisten hat; von »Großschadenslage« spricht die DGzRS in ihrer eigenen Beschreibung des Einsatzspektrums. Eine Lage, wie 1998 bei der Havarie der *Pallas* zum Beispiel: Der Frachter, mit einer Ladung Holz auf dem Weg von Schweden nach Casablanca, war 1998 im Sturm in Brand geraten. Die Crew hatte das Feuer nicht unter Kontrolle bekommen, das Schiff lief vor der nordfriesischen Insel Amrum auf Grund, Treibstoff lief aus und verseuchte die Strände im Nationalpark Wattenmeer. Seenot bringt heute nicht mehr nur die Mannschaft an Bord in Gefahr, die Retter müssen auch Havaristen abschleppen können, Brände bekämpfen, große Hilfseinsätze auf See koordinieren, Umweltkatastrophen verhindern.

Eigentlich, denkt man, müsste doch auch die Seefahrt sicherer geworden sein seit den Tagen von Vormann Jantzen. Die Frachter unserer Zeit sind Giganten aus Stahl, mit Maschinen so groß wie Reihenhäuser, dank satellitengestützter Navigation weiß der Kapitän jederzeit auf den Meter genau, wo sich sein Schiff befindet. Was soll auf See noch schiefgehen?

Alles. Früher traten die Seefahrer die Verantwortung an höhere Mächte ab, heute vertrauen sie auf die Technik. Nur: Wenn die vielen Aggregate nicht gewartet werden, wenn gespart wird an Unterhalt oder Mannschaft, wenn es einfach schlecht läuft, ist auch der Seemann von heute Gewalten ausgeliefert, denen nicht einmal Stahl auf Dauer widerstehen kann. Ist das den modernen Seefahrern noch bewusst? Klar, vieles geht heute auf Knopfdruck, was auf Rahsegeln noch lebensgefährliche Knochenarbeit bedeutete. Doch das Grundproblem aller Seefahrt bleibt: Unterwegs ist die Crew auf sich gestellt, sie muss mit jeder Situation allein fertigwerden, und eine lebensfeindlichere Umgebung als das Meer im Sturm gibt es für den Menschen auf dem Planeten nicht.

Noch etwas hat sich in den vergangenen 150 Jahren verändert. Als Stephan Jantzen die Rettungsstation von Warnemünde übernahm, fuhr niemand zum Spaß auf die See hinaus, Nord- und Ostsee waren

»Ich fahre schon lange zur See, immer in der Maschine. 13 Jahre Große Fahrt auf Frachtern, in Afrika, Asien und der Karibik. Auf einem Forschungsschiff maßen wir mehr als 50 Grad. Ich trank acht Liter Wasser täglich und bekam trotzdem ›Heizerkrämpfe‹, wegen des Salzmangels. Im Persischen Golf fuhr ich die Maschine auf kleinen Schiffen ganz alleine. Man hatte immer Dienst, rund um die Uhr. Wenn etwas war, ist man eben geweckt worden. Hier auf dem Kreuzer ist es deutlich komfortabler. Mit der Erfahrung, die ich habe, erkenne ich oft schon am Klang, wenn die Maschine etwas hat oder etwas braucht.«

Jürgen Gehrke, Jahrgang 1956, ist Maschinist auf der »Hermann Marwede«.

J. Gehrke

Verkehrswege der Schifffahrt und Jagdgründe der Fischer, mehr nicht. Sicher, es gab erste Badeanstalten; auf Sylt und in Büsum, in Binz und Travemünde plantschte das Bürgertum im Salzwasser. Aber wer hätte damals ahnen können, dass die See einmal Spielplatz für Millionen werden würde? Dass Wassersport eine Bewegung der Massen sein könnte? Ein Brett, ein Segel, Neoprenanzug – für Jantzens Zeitgenossen undenkbar, sich so auf See hinauszuwagen.

Für uns ist es heute ein gewohnter Anblick, genauso wie die Freizeitskipper in ihren Motorbooten oder Segeljachten, wie Kajakfahrer und Kiter. Doch selbst wenn alle ihren Sport umsichtig betreiben, auf Wetter und Tide achten würden, sorgt schon die schiere Zahl an Menschen auf dem Wasser dafür, dass die Seenotretter immer häufiger ausrücken müssen. Denn irgendetwas geht immer schief. Nicht die Berufsschifffahrt verlangt die häufigsten Einsätze, es sind vor allem die vielen Wassersportler, die in Not geraten. Kurzer Auszug aus dem Jahrbuch der Seenotretter gefällig?

»Angler in Lebensgefahr auf der Ostsee«; seine Wathose ist vollgelaufen. »Drei Kinder mit Vergiftung auf Segeljacht«; sie haben ein Medikament gegen Seekrankheit nicht vertragen. »Ehepaar aus gefährlicher Brandung befreit«; die beiden sind mit ihrer Jacht auf einer Sandbank aufgelaufen. »Hobbykutter sinkt im Wattenmeer«; die Crew bekommt ein Leck nicht abgedichtet.

Viele Wassersportler verstehen die Gesellschaft als eine Art ADAC zur See. Bei Problemen anrufen, es gibt sogar eine Kurzwahl fürs Handy, 124 124, wie praktisch, schon landet man bei der Leitzentrale in Bremen. Nur hat das Meer keine Ausfahrt, es gibt keinen Standstreifen. Aussteigen und neben dem Boot warten – leider keine Option. Eine Panne, selbst die kleinste, kann auf See schnell zur existenziellen Bedrohung werden. Und das ist genau das Dilemma: So dicht der Verkehr heute auch ist, so viele Menschen auf Nord- und Ostsee auch unterwegs sind – es ist verdammt leer da draußen, häufig niemand in Sicht, den man schnell herauswinken oder per Funk erreichen kann. Und die Crew eines Containerfrachters tut sich schwer, einer Jacht zu helfen, die im

Wattenmeer auf den Sand gefahren ist. Hilfe von außen – das sind die Leute von der DGzRS.

Sie hat ihre Kreuzer und Rettungsboote strategisch so positioniert, dass sie jeden Punkt an der deutschen Küste binnen einer Stunde erreichen können. 2091 Einsätze sind die Retter im Jahr vor Erscheinen dieses Buches gefahren, davon 177 bei einer Windstärke von sieben Beaufort und mehr. 55 Menschen wurden aus akuter Seenot gerettet, 483 aus Gefahr befreit, 63 Schiffe vor dem Totalverlust bewahrt, 400 Kranke oder Verletzte von Inseln oder Schiffen aufs Festland transportiert.

Auch das schreibt sich so leicht: 177 Einsätze bei Starkwind oder Sturm. Die deutschen Seenotretter haben es zu ihrem Motto gemacht: Wir fahren raus, wenn alle anderen reinkommen. Die Fotos in der Spendenwerbung sind oft spektakulär: haushohe Wellen, fliegende Gischt, und dann der Kreuzer, der in Alarmfahrt zum Einsatz rauscht. Nur gehört zur Wahrheit leider auch, dass es viel zu oft Momente gibt, die nicht für Hochglanzbilder taugen. Auch die Retter geraten an ihre Grenzen, und in der Geschichte der Gesellschaft haben sie nicht selten um das eigene Überleben kämpfen müssen. Ihre Kreuzer sind die besten, die man für ihren gefährlichen Auftrag bauen kann, selbst eine Kenterung überstehen sie. Aber was geschieht dabei mit der Crew?

Gleich mehrere Geschichten in diesem Buch befassen sich mit den Fällen, die tragisch endeten: 1967 wird die *Adolph Bermpohl* im Sturm vor Helgoland umgeworfen. Der Kreuzer wird später gefunden, mit laufender, ausgekuppelter Maschine; von der Crew keine Spur. 1995 kentert die *Alfried Krupp* auf der Rückfahrt von einem Einsatz westlich von Borkum. Das Schiff richtet sich auf, wie es soll, doch Vormann und Maschinist werden von Bord gerissen.

45 Männer hat die DGzRS seit ihrer Gründung verloren.

Mehr als 81 000 Menschen haben die Leute von der Gesellschaft gerettet, auch das eine unglaubliche Zahl, mehr als 81 000 Mal die Bestätigung, dass Bermpohl und die vielen anderen recht hatten, die sich für den Aufbau einer Seenotrettung eingesetzt hatten: Wir können doch etwas ausrichten. Wir sind der See nicht ausgeliefert, weil wir uns gegenseitig helfen. Unser stärkstes Argument in der Auseinandersetzung mit den Elementen ist die Solidarität.

Die Seenotretter von der DGzRS können ihre Arbeit machen, weil sie sich auf die Unterstützung aus der Bevölkerung verlassen können. Was die Gesellschaft zum Erhalt ihrer Stationen und ihrer Flotte braucht, und das sind mehr als 30 Millionen Euro im Jahr, finanziert sie aus Spenden und Schenkungen. Sie agiert vollkommen unabhängig von der politischen Großwetterlage und den Zwängen, denen öffentliche Haushalte unterworfen sind. Als Schirmherr des Rettungswerks fungiert zwar der Bundespräsident, als Dank und Anerkennung dafür, dass die Gesellschaft der Retter eine hoheitliche Aufgabe erfüllt. Aber sie lässt sich nicht hineinreden, wie sie diese Aufgabe erfüllt. Es zählt allein das Ziel – Menschen aus Seenot zu retten.

Wir sind klar zum Einsatz, sagen sie bei der Gesellschaft.

Gut zu wissen.

SEENOTRETTER
DGzRS

GRIFF
GRIFF

+++ Seenotrettungskreuzer »Alfried Krupp«, Station Borkum +++ eine Gruppe Wanderer im Watt +++ Juli 1992 +++

GEFANGEN IM WATT

Es ist nur ein leises Krächzen, das Vormann Karl-Friedrich Brückner über Funk hört, mehr nicht. Doch es lässt ihm keine Ruhe, obwohl die anderen Stationen nichts empfangen haben. Er läuft mit dem Seenotkreuzer hinaus in die Priele – und verhindert eine Katastrophe.

Als Schüler habe ich Spenden für die Seenotretter gesammelt. Ich bin im pfälzischen Kusel geboren, als Sohn eines Maurers, ältester von vier Brüdern. Niemand von uns fuhr zur See. Wir sind eher eine Familie von Baumeistern, doch ich wollte hinaus aufs Meer. Vielleicht hat das Spendensammeln ein wenig damit zu tun, ich weiß es nicht mehr. Mit 15 besuchte ich die Seemannsschule in Bremervörde und kam schon bald auf mein erstes Schiff, ein kleines Küstenmotorschiff namens *Jan Suhr.* Wir fuhren hauptsächlich Obst und Gemüse aus dem Alten Land bei Hamburg nach Skandinavien. Ich lernte als Schiffsjunge, für die Matrosen zu kochen, auf der Basis von Pfeffer, Salz und großen Mengen Maggi.

Meine Seemannslaufbahn verlief klassisch: Leichtmatrose, Matrose, Steuermann, Offizier. 1963 kam ich zur Reederei Hamburg Süd und wähnte mich im Paradies. Die Unterbringung auf den modernen Schiffen zu Zeiten des Wirtschaftswunders war deutlich komfortabler als auf den kleinen Rostlauben der 1950er-Jahre, und es gab reichlich zu essen. Ich erinnere mich an viele Eier und Würstchen. In den ersten zwei Jahren nahm ich trotz der harten Arbeit knapp 20 Kilo zu.

Es war die Zeit, in der die Seefahrt noch Spaß machte, weil Schiffe nicht ständig unter der Kontrolle von Satelliten und Computern standen und die Liegezeiten in den Häfen lang sein konnten. Mit der Hektik der heutigen Seefahrt, in der Containerriesen Tausende Schachteln binnen weniger Stunden an Land setzen, hatten unsere Reisen nichts zu tun. Ein Weihnachten verbrachte ich in Schweden, umsorgt von der Tochter des Seemanns-Pfarrers. In Australien brachen wir zu einer Krokodiljagd ins Outback auf, und in Rangun trank ich grünen Schnaps, der einen Mann angeblich sechs Tage lähmt. Gemerkt habe ich davon nichts, außer ein paar Kopfschmerzen vielleicht. Und dann lernte ich meine Frau kennen, die Frau meines Lebens, auf der Insel Borkum. Wegen ihr blieb ich an Land und suchte mir einen Job.

Die erste Zeit arbeitete ich bei einem Schiffsmakler, doch das war nichts für mich. Auch das Leben in der Stadt gefiel mir nicht. Ich bin dafür nicht gemacht, ich halte das nicht lange aus. Eine Großstadt ist wie eine Vorhölle für mich. Ich brauche Weite, Aussicht, Natur, und ich hatte Glück: Auf Borkum wurde ein Platz bei den Seenotrettern frei. Ich half zuerst aus und blieb dann hängen. Im April 1973 war ich Rettungsmann, ab 1977 schließlich Vormann auf Borkum.

Die See gehört zu unserem Leben auf der Insel. Wir wohnen wenige hundert Meter vom Wasser entfernt, und ich denke, dass man im Laufe der Jahre einen besonderen Sinn für Gefahren entwickelt. Zu unserem Revier gehören das Borkum Riff, die Emsmündung, gehören die Gezeiten, reger Schiffsverkehr und noch mehr Hobbysegler. Wir stehen in engem und gutem Kontakt mit den Kollegen auf der niederländischen Seite. Nachbarschaftshilfe ist bei uns nicht nur ein Wort.

Doch zurück zu dieser Art »siebter Sinn«, den man im Laufe der Zeit entwickelt. Im Juli 1992 gab es einen Einsatz, der eine Katastrophe verhinderte. Es war ein ruhiger Tag, kein Wind, gar nichts Besonderes passierte, doch Nebel zog auf. Es wurde immer diesiger, und ich konnte die Fischerbalje vor der Hafeneinfahrt kaum noch erkennen. Das Funkgerät lief, und ich hörte einen Ruf. Es klang schwach, abgehackt, war in den Bruchstücken kaum zu verstehen. »Uithuizer Watt ... Wattläufer ... Problem.« War das ein Notruf? Eine Peilung war nicht möglich. Ich wusste nur, dass sich, wer immer sich gemeldet hatte, mit dem auflaufenden Wasser im Westen befinden musste.

Wattläufer, die das Gebiet unterschätzen, die sich verirren und von der Flut überrascht werden, haben wir im Laufe der Jahre Dutzende gerettet. Einmal war ein Pastor mit dem Rad hinausgefahren und buchstäblich hängen geblieben. Die Leute unterschätzen oft die Gefahren. Sie gehen raus, ohne zu wissen, dass es im Watt manchmal keinen Notausgang gibt, und wenn Nebel aufzieht oder die Flut kommt und die Priele volllaufen, finden sie nicht zurück. Das Watt eignet sich nicht für Sonntagsspaziergänge.

Ich rief Norddeich Radio an, Scheveningen Radio, die Station der Kollegen in Eemshaven, die beiden Lotsendampfer, unsere Seenotleitung in Bremen. Keiner hatte den Notruf vernommen. Hatte ich mich verhört? Oder war mein Gerät zu sensibel eingestellt?

Mir ließ die Nachricht keine Ruhe. »Werft die Leinen los! Wir sehen uns um«, sagte ich den Kollegen. Wir liefen mit unserer *Alfried Krupp* aus und mit voller Fahrt in Richtung des Groninger Watts. Das Wasser kam zurück, und der Nebel lag über der Nordsee. Mit langsamer Fahrt tasteten wir uns durch den Dunst an der Wattkante entlang. Im Radar tauchte ein Fleck auf. Moment! Da war irgendetwas, wo laut Seekarte aber nichts sein sollte. Ich ließ das Tochterboot klarmachen, die *Glückauf,* die in flaches Wasser laufen kann. Wir begannen zu tuten, was man meilenweit hören kann. War da hinten ein Rotfeuer? Dann meldeten die Kollegen von der *Glückauf:* »Hier steht alles voller Menschen.«

»Packt sie ein und bringt sie mit«, sagte ich durch.

Wenig später kam das Tochterboot längsseits – mit 30 Passagieren. Und es standen noch viel mehr auf der Sandbank, teilweise bereits bis zur Brust im Wasser. Und die Flut lief immer noch weiter auf. Es handelte sich um den Betriebsausflug einer niederländischen Versicherungsgesellschaft, die sich mit zwei Wattführern auf seltsamen Wegen befand. Es waren einige jüngere Leute darunter, Auszubildende, Praktikanten. Ein Priel war schneller zugelaufen, als es die Wattführer erwartet hatten – und nun waren sie Gefangene der kleinen Sandbank, die meterhoch von der Flut überspült werden würde. Mit einem UKW-Gerät hatte ein Wattführer den Notruf abgesetzt, den ich hörte. Zum Glück brach keine Panik aus, die Leute blieben einigermaßen ruhig, und als sie sahen, dass wir in der Nähe waren, trug das zur Entspannung bei. Sie hatten Vertrauen, dass man ihnen helfen würde – und Unterstützung war auf dem Weg. Die niederländischen Kollegen waren alarmiert worden, ein Marinehilfsschiff näherte sich, und auch ein Freizeitboot aus Borkum machte sich auf den Weg. 142 Menschen retteten wir an diesem Tag aus dem Watt.

Nicht alle meiner knapp 2200 Einsätze gingen so glimpflich aus. Am schlimmsten war es für mich, wenn Kinder betroffen waren, das geht, denke ich, allen Seenotrettern so. An einem Morgen im Spätsommer kam die Meldung über eine Jacht, die auf Rottumeroog in der Brandung lag. Es hatte in der Nacht zuvor einen Gewittersturm gegeben. Als wir uns näherten, glaubten wir, Seesäcke an Deck zu sehen, doch es waren keine Seesäcke. Es waren Kinder, die man dort angebunden hatte, sechs und sieben Jahre alt, sie waren ertrunken. Ihre Mutter, die eine Rettungsweste trug, fand man wenig später tot auf. Was genau geschehen war, wurde nie aufgeklärt. Wir vermuteten, dass der Vater, der Skipper, im Sturm über Bord gegangen war. Die Mutter hatte Lichter am Festland gesehen und versucht, darauf zuzuhalten. Dabei hatte eine Grundsee das Boot erfasst und aufs Wasser gedrückt. Erst später richtete es sich wieder auf. Es müssen furchtbare Stunden für die arme Familie gewesen sein, so nahe vor der Küste.

Der Vater wurde nie gefunden.

Karl-Friedrich Brückner, Jahrgang 1944, kam in Kusel (Pfalz) auf die Welt. Er war bis zu seinem Ruhestand 2001 Vormann der »Alfried Krupp« und lebt mit seiner Familie auf Borkum.

Birgit Heinze
Deutsche Gesellschaft zur Rettung Schiffbrüchiger
Bremen
Sektorensuche

+++ Seenotrettungsboot »Jens Füerschipp«, Station Gelting +++
Badeboot treibt ab +++ Juli 2011 +++

SCHLAUCHBOOT AUF DRIFT

Die Flensburger Förde ist ein Paradies für Surfer und Sportsegler. Regelmäßig rückt die freiwillige Retterin Birgit Heinze mit der Crew der »Jens Füerschipp« aus, um Menschen aus Seenot zu retten – und manchmal auch Kinder, die zu weit hinausgerudert sind.

Als der Mann sieht, wie seine Kinder abtreiben, setzt sein Verstand aus. Er reißt sich Hose und Schuhe vom Leib, springt in die Förde und schwimmt hinter den zwei bunten Gummibooten her, die erschreckend schnell davondriften. Die Kinder sind sieben, zehn und zwölf, tragen nur Badesachen und haben ihre Paddel bereits verloren. Ihr Vater denkt nicht lange nach und überschätzt seine Kräfte: Der Wind geht ablandig, er bläst mit Stärke vier, niemand könnte die Kinder jetzt noch einholen.

Panik beherrscht viele Menschen, denen wir in der Flensburger Förde zu Hilfe eilen. Hier sind viele Urlauber unterwegs, Sportsegler und Surfer, ohne Erfahrung mit Wind und Strömung. Für uns Freiwillige vom Rettungsboot *Jens Füerschipp* in Gelting heißt das: Ruhe bewahren. Oft reichen schon ein paar Handgriffe und Ratschläge, um die Situation in den Griff zu bekommen.

So ist es bei abtreibenden Booten besser, uns zu benachrichtigen und an Land zu warten, statt wie der Familienvater hinterherzuschwimmen. Zum Glück haben andere Urlauber die Szene beobachtet, und die Seenotleitung wird informiert. Ich arbeite in Flensburg als Krankenschwester, doch an diesem Tag bin ich zu Hause in Bereitschaft – nach 90 Sekunden klingelt mein Handy. Kurz darauf treffe ich zwei weitere Retter am Geltinger Anleger und mache die Leinen los, die *Jens Füerschipp* pflügt durch die Förde.

Wenn wir die Hafenausfahrt passieren, muss ich oft an jenen Segler denken, der an dieser Stelle rote Leuchtraketen abfeuerte, direkt vor unseren Augen. Seine Maschine stand still, und er traute sich bei Wind und hoher Welle nicht durch die enge, steinige Zufahrt. Natürlich haben wir ihn ins Becken geschleppt – wirkliche Gefahr bestand nicht, doch auch solche Einsätze gehören zu unserem Alltag.

Oder die Besatzung eines Bootes, das im flachen Wasser festsaß – keine 100 Meter vom Ufer entfernt. Wir haben unsere Überlebensanzüge angelegt und die »Schiffbrüchigen« zu Fuß gerettet. Aber auch hier gilt: Ein Skipper soll nicht zögern, uns zu rufen, sondern wissen, dass wir in jeder Situation helfen.

Über der Förde ziehen sich dunkle Wolken zusammen, doch das helle Gummiboot leuchtet uns den Weg. Wir kommen rechtzeitig. Die Kinder sind blass, zittern vor Kälte und Furcht. Sie haben sich schlau angestellt: Alle drei sind in ein Boot gekrochen und haben das andere dem Wind überlassen, so blieben sie zusammen und konnten sich gegenseitig wärmen. Salzwasser schwappt in das bunte Gefährt, von dem nun drei kleine Geister auf die *Jens Füerschipp* klettern.

Kurz darauf entdecken wir auch ihren Vater, völlig entkräftet kämpft er mit den Wellen. Für Fälle wie ihn hat unser Rettungsboot eine Bergeluke an der Seite, durch die ein Mensch nahezu waagerecht aus dem Wasser gezogen werden kann. Früher starben Menschen manchmal während der Rettung. Wenn das eiskalte Blut aus den Gliedmaßen zum Herzen strömt, kommt es zum Herzstillstand. Darum versucht man, Unterkühlte möglichst waagerecht zu retten. Dieser Schwimmer aber ist nur leicht unterkühlt. Er hat schon begriffen, dass es keine gute Idee war, mit dem Wind um die Wette zu schwimmen.

Es gibt auch Einsätze ohne glücklichen Ausgang. Vor einigen Jahren ereignete sich nicht weit von hier ein schrecklicher Unfall: Ein Pilot stürzte mit seinem Sportflugzeug direkt in die Förde. Ich stand gerade mit dem Staubsauger im Flur, als mein Mann den Kopf durch die Tür steckte und sagte: »Du musst los, hier ist ein Flugzeug abgestürzt.«

Das klang so absurd, dass ich es zunächst gar nicht fassen konnte – und beinahe schon mit dem Staubsaugen fortfahren wollte. Dann zog ich aber doch meine rote Jacke an und war nach zehn Minuten am Bootsanleger. Die ganze Mannschaft glaubte an einen Scherz oder an eine Übung, bis wir an der Unglücksstelle die ersten Wrackteile treiben sahen.

Es begann ein Großeinsatz, der von einem unserer Seenotrettungskreuzer koordiniert wurde. Retter, Polizei und Sportboote fuhren systematisch das Absturzgebiet ab, in gleichmäßigem Abstand zum »Nachbarn«, und verständigten sich über Funk oder per Zuruf. Bis zum späten Abend tauchten immer neue Trümmer auf. Alle fünf Insassen des Fliegers wurden geborgen, sie waren schon beim Aufprall ums Leben gekommen. Die Urlauber hatten einen harmlosen Rundflug gebucht, bis heute weiß man nicht, warum sie sterben mussten. Ihre Schicksale haben uns alle erschüttert.

Die Familie mit den Kindern im Schlauchboot macht auch im Folgejahr Urlaub in der Gegend und besucht uns manchmal am Tag der Seenotretter; sie denken an uns, was nicht selbstverständlich ist. Vielleicht wären die drei ohne uns irgendwo auf der dänischen Seite an Land getrieben worden und nicht auf die offene Ostsee hinaus. Vielleicht hätten sie es auch nicht überlebt. Aber das muss ich ihnen ja nicht unbedingt erzählen.

Birgit Heinze, Jahrgang 1963, machte zunächst in ihrer Heimatstadt Hannover eine Ausbildung zur Groß- und Außenhandelskauffrau. Mit Anfang 20 zog sie an die Flensburger Förde und ließ sich im St.-Franziskus-Hospital zur Krankenschwester umschulen. 2006 wechselte sie in die Diakonissenanstalt in Flensburg, wo sie seit 2010 Gruppenleiterin in der Zentralen Notaufnahme ist. Seit 2004 ist sie freiwillige Seenotretterin auf der Station Gelting.

+++ Seenotrettungskreuzer »Adolph Bermpohl« +++ Mayday vor Helgoland +++ Retter in tödlicher Gefahr +++ 23. Februar 1967 +++

TÖDLICHER ORKAN

Die »Adolph Bermpohl« ist das neuste Schiff der DGzRS-Flotte, an Bord eine erfahrene Crew. Als das »Mayday« kommt, geraten sie in einen Orkan, der vielen Schiffen zum Verhängnis wird. Die Männer vom Kreuzer retten noch drei Fischer von einem sinkenden Kutter. Dann bricht der Funkkontakt ab.

»Denn tausend Jahre sind wie der Tag,
der gestern vergangen ist.«
Psalm 90

Dieser Sturm, der Dutzende Seeleute das Leben kosten wird, kommt unerwartet und schnell und brutal. Wie gefährlich er ist, wird von den Meteorologen zu spät erkannt, und als Norddeich Radio am 23. Februar 1967 um 11:55 Uhr eine Sturmwarnung für die Nordsee herausgibt, ist es bereits zu spät. Den Kapitänen bleibt keine Zeit mehr zu reagieren, entweder einen Hafen anzusteuern oder hinauszulaufen auf die offene See. Schon 41 Minuten nach der Unwetterwarnung gibt es den ersten Seenotfall – und die Lage wird sich in den nächsten Stunden dramatisch verschlechtern.

In diesem Sturm werden Windgeschwindigkeiten gemessen, die bis heute selten erreicht sind. Fast 150 Kilometer pro Stunde registriert die Station auf Helgoland über Stunden hinweg. In Spitzen erreicht der

Sturm mehr als 200 Stundenkilometer, das entspricht der Stärke eines Hurrikans der Kategorie drei. Er schiebt die Wellen auf, immer weiter, bis auf acht, zehn Meter Höhe. Die Nordsee gleicht einem Inferno aus Wasser und Gischt.

Überall sind Schiffe in Not, darunter der Fischkutter *J. C. Wrieden,* der sich etwa 45 Seemeilen vor Helgoland, nordwestlich des roten Felsens, durch die schwere See kämpft. Die Besatzung versucht, dem Orkan zu entkommen, doch es gelingt ihr nicht. Ein Brecher beschädigt das Schiff, und um 14:40 Uhr setzen die Männer einen Hilferuf ab. Das Signal wird von der Seenotwache in Cuxhaven empfangen und an die Station auf Helgoland weitergeleitet.

Wenige Minuten später läuft die *Adolph Bermpohl* aus. An Bord sind vier Besatzungsmitglieder: Vormann Paul Johann Denker, ein Mann mit verschmitztem Lächeln, der jünger aussieht als seine 54 Jahre. Maschinist Otto Schülke, 53, mit dem gegerbten Gesicht eines Seemanns, und sein Stellvertreter Günter Kuchenbecker, 38. Hans-Jürgen Kratschke, 27, ein Steuermann mit wachem Blick und einem Vollbart. Mit Ausnahme des Jüngsten sind es erfahrene Seeleute, und die *Adolph Bermpohl* ist das modernste Schiff der Flotte. Sie ist erst vor wenigen Monaten in Dienst gestellt worden, ein Kreuzer der 26-Meter-Klasse.

Der Seenotrettungskreuzer arbeitet gegen die See. Gischt nimmt den Männern die Sicht, Wasser und Luft vermischen sich. Immer wieder fällt das Schiff in ein Wellental, wird von Schlägen getroffen. Es ist ein schwerer Ritt durch den Orkan und exakt 16:14 Uhr, als ein weiterer Notruf eintrifft. Diesmal ist es noch ernster: »Mayday!«.

Es ist ein niederländischer Fischkutter, die *Burgemeester van Kampen,* die einen Wassereinbruch meldet. Position: acht Seemeilen nördlich der Insel. Drei Mann sind an Bord, und für sie geht es nun ums Überleben, denn das Schiff droht zu sinken.

Die Seenotretter überlegen: Was sollen sie tun? Wem helfen sie zuerst? Sie müssen eine Entscheidung treffen. Die Wahl fällt auf den niederländischen Kutter, denn in der Nähe des ersten Havaristen befinden sich schon einige Schiffe, und die Lage auf der *Burgemeester van Kampen* scheint bedrohlicher zu sein. Um 16:20 Uhr ändert die *Adolph Bermpohl* den Kurs und läuft auf schnellstem Wege zur letzten Position, die durchgegeben wurde.

Etwas weniger als eine Stunde später, kurz vor Einbruch der Dunkelheit, finden die Seenotretter den beschädigten Kutter. Dieser ist durch den Sturm abgetrieben worden, etwa fünf Seemeilen nord-nordöstlich von Helgoland. Es gibt einen Funkkontakt durch Vermittlung von Norddeich Radio. Die Fischer wollen, wenn möglich, nach Helgoland geschleppt werden, wollen einen Versuch riskieren, ihr Schiff zu retten.

Was in den nächsten Minuten geschieht, zeigt der Funkverkehr zwischen den Schiffen und Norddeich Radio. Im Originalton* lautet er so:

»BERMPOHL«: *Ja, das haben wir gut verstanden, hinterherdampfen ... (Störung) ... ja, wir sollen ihn nach Helgoland reinbringen. Ja, das ist in Ordnung – wie ist das mit dem anderen Kutter, mit »J. C. Wrieden«, ist da was unterwegs?*

NORDDEICH: *»Bürgermeister van Kampen« – einen Moment bitte – ja, »Bermpohl« – da haben eben beide gesprochen – der Kutter und Sie – aber ich habe ungefähr beide verstanden – also Sie würden ihm jetzt vorausdampfen – ich sage ihm Bescheid, dass er Ihnen folgen soll – ja? Wenn Schwierigkeiten sind, dann höre ich ja hier mit – »Bürgermeister van Kampen« – »Adolph Bermpohl« hat verstanden – er dampft Ihnen voraus – er fährt vor Ihnen nach Helgoland – »Bermpohl« – noch mal Frage, ob verstanden?*

»KAMPEN«: *Ich dampfe hinterher ... (Störung) ... ich dampfe genau – haben Sie gut verstanden.*

NORDDEICH: *Jawohl, gut verstanden. »Bermpohl«, er hat gut verstanden – er dampft hinterher.*

* aufgezeichnet im Jahrbuch der Seenotretter, Jahrgang 1968.

»Bermpohl«: *Ja, in Ordnung … Ja, und wenn was ist, dann rufen Sie uns – falls die von Bord wollen, ja?*

Norddeich: *Ich verstehe – hier läuft gerade noch ein anderer Fall an – ja, also, wenn was ist, ich höre ja mit – schönen Dank – also dann, viel Erfolg.*

Minuten später:

»Kampen«: *Hallo Norddeich, hören Sie mich?*

Norddeich: *Ich höre – bitte!*

»Kampen«: *… umdrehen können wir nicht – dat lifeboat …*

Norddeich: *»Adolph Bermpohl« – bitte mal kommen.*

»Kampen«: *… (Störung) … die Lotsenboot … umdrehen können wir nicht … der Wind …*

Der Kutter lässt sich nicht mehr manövrieren. Unter diesen Umständen gegen die Sturmsee zu fahren und zu schleppen, wäre für beide Schiffe viel zu riskant. Wie es den Fischern geht, die zu diesem Zeitpunkt durchnässt sind, unterkühlt und mit ihren Kräften am Ende? Mehrere Versuche, die Männer über eine Leinenverbindung zu bergen, scheitern. Der Sturm und vor allem der Seegang sind zu stark.

Die drei Holländer bekommen Panik: Sie wollen runter von ihrem Kutter, in den immer mehr Wasser eindringt. »Wir wollen das Schiff verlassen – wir wollen das Schiff verlassen«, wiederholen sie über Funk. Für die Seenotretter bleibt nur noch eine Wahl: Sie setzen das Tochterboot *Vegesack* aus, um die Fischer damit abzubergen. Ein gefährliches Manöver in den meterhohen Wellen. »Legen Sie Ihre Sicherheitswesten an«, funken sie rüber zu den Fischern.

Um 18:19 Uhr notiert die Küstenfunkstelle Elbe-Weser Radio eine Meldung, die wie eine Erleichterung klingt: »Drei Mann des Fischkutters *Burgemeester van Kampen* fünf Seemeilen nord-nordöstlich von Helgoland geborgen. Besatzung vollzählig.« Alles ist gut gegangen.

Der Seenotrettungskreuzer *Adolph Bermpohl* läuft langsam vor dem Tochterboot nach Helgoland. Das Boot in der schweren See wieder aufzunehmen? Das ist zu riskant, das erlaubt der Seegang nicht. Den Kutter musste man aufgeben, doch die Fischer sind in Sicherheit. Der Seenotfall wird offiziell aufgehoben. Der nächste Einsatz steht schon an: In der Wesermündung soll die *Adolph Bermpohl* dem Motorschiff *Ruhr* zu Hilfe kommen, auf dem Stahlplatten verrutscht sind.

Was in den Minuten nach dem Funkspruch im Sturm vor Helgoland geschieht, kann bis heute nicht zweifelsfrei geklärt werden. Gegen 18:45 Uhr glaubt der Leuchtturmwärter von Helgoland, ein Schiff nahe der vorgelagerten Düne zu erkennen. Auf Höhe des berüchtigten Sellebrunn-Riffs, wo sich im Sturm regelrechte Wasserwände auftürmen können. Nach den Erinnerungen des Leuchtturmwärters leuchtet ein Scheinwerfer nach Backbord, als suche die Besatzung den Weg in den Hafen. Auf dem Riff entstehen Grundseen, die in keiner wissenschaftlichen Berechnung vorgesehen sind. Was als Daten der Tiefen- und Lotaufzeichnungen an Bord des Rettungskreuzers später ausgewertet wurde, spricht dafür, dass sich die Katastrophe an diesem berüchtigten Riff abspielt. Auch das Deutsche Hydrographische Institut in Hamburg kommt bei der Auswertung des Echolotschreibers zu diesem Ergebnis.

Die Untiefen sind den erfahrenen Seenotrettern bekannt – wie also können sie in dieses Seegebiet hineingeraten sein? In der fliegenden Gischt des schweren Orkans ist eine Orientierung schwer möglich, selbst Radar funktioniert da nicht. Die Ansteuerungstonnen, die den Weg nach Helgoland weisen, sind vertrieben oder erloschen. So erklärt es sich, dass die Seenotretter auf das gefährliche Sellebrunn-Riff geraten, ohne es zu ahnen.

Sie haben keine Chance, sich zu orientieren.

Als die Schiffe am Morgen des 24. Februar noch immer überfällig sind und es keinen Funkkontakt gibt, läuft eine große Rettungsaktion an. Seenotrettungsboote laufen aus, Schiffe der Handelsmarine werden

Der Morgen nach der Katastrophe: Der Seenotrettungskreuzer »Adolph Bermpohl« treibt beschädigt in der Nordsee. Von den Männern an Bord fehlt jede Spur.

angewiesen, Ausschau zu halten, Hubschrauber der Seenotrettungsstaffel der Bundesmarine sind in der Luft. Gegen neun Uhr entdeckt der Steuermann der *Atlantis,* der Fähre, die zwischen Helgoland und Cuxhaven pendelt, die beschädigte *Adolph Bermpohl.* Sie treibt nördlich des Feuerschiffs *Elbe 1* – auf ebenem Kiel. Der Mast mit Radar und Peilantennen ist umgeknickt, sonst sind auf den ersten Blick keine Schäden zu erkennen.

Ihre Maschinen laufen noch.

Unheimlich, wie ein Geisterschiff. Niemand an Bord reagiert auf Funksprüche. »Neben dem Schiff zu fahren und nicht zu wissen, ob jemand lebendig an Bord ist oder nicht – das ist mit die schlimmste Erinnerung, die ich bis heute habe«, sagt der Steuermann der *Atlantis.* Ein Tanker entdeckt Stunden später das kieloben treibende Tochterboot. Keine Spur von den Seenotrettern und Fischern. Die Schiffe haben den Sturm überstanden. Die Seenotretter an Bord wurden außenbords gespült.

Als der Seenotrettungskreuzer *Arwed Emminghaus* am baugleichen Havaristen *Adolph Bermpohl* längsseits geht, sieht die Besatzung, dass die Kletternetze an Steuerbordseite heruntergelassen sind. Dies spricht für eine der Theorien, die später diskutiert werden: Anders, als ursprünglich geplant, hat der Vormann das Tochterboot längsseits genommen. War der Zustand der drei geretteten Fischer zu kritisch geworden? Mussten sie an Bord und in der Wärme des größeren Kreuzers notversorgt werden? Es muss einen guten Grund gegeben haben, dieses Manöver anzugehen. Während es lief, schlug die gewaltige Grundsee zu.

Der Kommandoturm des Seenotkreuzers ist deformiert, das Deck des oberen Steuerstandes nach unten durchgebogen und das Metall gefaltet, als habe jemand mit einem riesigen Hammer draufgeschlagen. Eine ungeheure Gewalt von Hunderten Tonnen Wasser. Im Maschinenraum des Seenotkreuzers lief Motorenöl aus, was zeigt, dass sich das Schiff mit mehr als 90 Grad auf die Seite legte – und dabei womöglich das Tochterboot unter sich begrub.

Die Männer an Bord hatten keine Chance, diese Welle zu überleben. Erst Monate später findet man sie wieder. Einen Seenotretter gibt die See nicht mehr heraus.

+++

Der Orkan des 23. Februar 1967 wurde vom Seewetteramt Hamburg im Gedenken an die Tragödie nachträglich »Adolph-Bermpohl-Orkan« genannt. Er gilt als der schwerste Sturm seit Beginn der Wetteraufzeichnung in der Nordsee. Er forderte auf See zahlreiche Opfer, mindestens 44 Menschen ertranken. Nach anderen Quellen ist sogar von 80 Seeleuten die Rede.

An Bord des Motorschiffs *Else Priess* verloren acht Seeleute ihr Leben, 20 Seemeilen nördlich von Norderney. Zwischen Den Helder und der Insel Texel sank der Fischkutter *UK223 Maartje* und riss fünf Fischer mit sich. Die *Ikone* sank mit einer Ladung Kies auf der Reise von Esbjerg nach Hamburg.

Das Motorschiff *Ruhr*, dem die *Adolph Bermpohl* ebenfalls zu Hilfe eilen sollte, sank, alle sechs Besatzungsmitglieder kamen ums Leben. Dem Langeooger Motorrettungsboot *Langeoog* war es wegen des Orkans nicht gelungen, durch das Seegatt die offene See zu erreichen.

Im Binnenland kam es zu schweren Verwüstungen, in Hamburg starb während des Orkans ein Mann, es gab mehr als 60 Verletzte. Auch in Belgien, den Niederlanden, in Dänemark, Österreich und in der Schweiz kam es zu Todesfällen. In der niederländischen Provinz Friesland wurden zahlreiche Gebäude schwer beschädigt oder zerstört.

Die *Adolph Bermpohl* wurde nach dem Unglück instand gesetzt und fuhr noch bis 1989 von den Stationen auf Helgoland (bis 1979) und List auf Sylt (bis 1989) in den Einsatz.

Ein Symbol für eine der schrecklichsten Nächte in der Geschichte der deutschen Seenotrettung: Die Flagge der »Adolph Bermpohl« konnte aus der Nordsee gefischt werden. Der Sturm hat sie zerrissen.

Kapitel

KLAR P
++ KLAR
P3 ++

++ KLA
P3 ++
KLAR
25

+++ Seenotrettungsboot im Mündungsgebiet der Weser +++ Britischer Bomber notgelandet +++ 7. März 1945 +++

MISTER BARNES HÖRT AUF SEIN GEWISSEN

1945, kurz vor Kriegsende: Erwin Ernest Barnes ist Schütze an Bord eines britischen Bombers, der Hamburg angreift. Das Flugzeug wird angeschossen und muss im Mündungsgebiet der Weser notlanden. Deutsche Seenotretter bewahren die Bomber-Crew vor dem Ertrinken. 60 Jahre danach trifft Barnes einen Entschluss.

Mister Barnes erwartet uns mit Tee und Gebäck, so klassisch, wie es sich in England um diese Uhrzeit gehört. Ein kleines Haus am Rande von Southampton, der Seefahrerstadt im Süden, es steht ganz hinten in einer Reihe. Im Flur sieht man Gemälde von Spitfire-Flugzeugen, Regale mit Figuren aus Glas und Porzellan: Rehe, Hunde, Katzen, ein Zoo aus Nippes. »War das Hobby meiner Frau Doreen«, murmelt Mister Barnes, »aber nehmen Sie doch Platz.«

Barnes ist ein kleiner, schmächtiger Mann mit klarem Blick, gut in Form für sein Alter, er ist Mitte 80. Er spricht leise, manchmal wirkt er, als sei er verlegen. Er redet nicht viel über sich, er ist es nicht gewohnt, das spürt man. Seine Geschichte aber ist wie das Skript eines Hollywood-Films. Es geht um Schuld und Vergebung, um Respekt und um eine Geste.

»Ich musste es endlich tun«, sagt Barnes. »Ich fühlte mich schuldig.«

Rückblende, Frühjahr 1945. Der Krieg ist für die Alliierten fast gewonnen, doch noch nicht für Erwin Ernest Barnes. Seine Onkel und Brüder kämpfen in der Army; er selbst, 19 Jahre alt, ein Lehrling im Bootsbau, hat sich freiwillig zur Royal Air Force gemeldet. Schon als Kind hatte er mit Flugzeugmodellen gespielt und war mit einem Freund auf langen Radtouren zu einer Station der Royal Air Force in Calshot gefahren. Barnes schrieb einen Brief, mit der flehentlichen Bitte, in den Krieg zu dürfen, weil er zunächst als krank und nicht wehrtauglich eingestuft worden war. Morbus Crohn, eine böse Sache, er verbrachte damit Jahre im Krankenhaus.

Der Brief bringt Barnes in einen Krieg, in dem Ende 1944 jeder Mann gebraucht wird. Er wird nach kurzer Ausbildung Bordschütze einer Avro 683 *Lancaster,* ein Bomber mit vier Motoren und das bekannteste Flugzeug der Royal Air Force. Barnes' Platz ist in einer Art Wabe am Heck. Es ist eine der gefährlichsten Positionen im Flugzeug, denn gegnerische Flugzeuge und die Flak versuchen als Erstes, diese Kuppel aus Glas zu zerstören, um das Vierlings-MG auszuschalten. Die durchschnittliche Überlebensdauer von Bordschützen beträgt drei Wochen, doch davon weiß Barnes zu diesem Zeitpunkt nichts.

Mit Bombern vom Typ Avro 683 greifen die Briten deutsche Städte an. Am Abend des 7. März hebt die Bomberstaffel wieder ab, Ziel: Harburg im Süden Hamburgs. Das genaue Ziel bekommen die Piloten aus Furcht vor Spionage in einem Umschlag, den sie erst im Cockpit öffnen dürfen. Es ist ein großes Geschwader; wie viele Flugzeuge aufsteigen, vermag Barnes nicht zu sagen. Der Pilot ist unerfahren, beinahe kommt es beim Start zu einem Unglück. Sieben Crewmitglieder sind an Bord, zwei Piloten, ein Offizier für die Navigation, ein Funker, der Rest besetzt die Gewehre. Vier Männer stammen aus Rhodesien, dem heutigen Simbabwe.

Der Flug dauert Stunden, viel Zeit, um nachzudenken.

»Ich hatte ein schlechtes Gefühl, wie eine böse Vorahnung«, sagt Barnes. »Ich wusste: Heute stimmt etwas nicht.«

Er war vorher schon einen Angriff auf Chemnitz geflogen, zehn Stunden, doch man hatte die Operation abbrechen müssen, wegen des schlechten Wetters. Beim Angriff auf Peenemünde sah Barnes Explosionen. An

»Ich hatte ein schlechtes Gefühl. Wie eine Vorahnung.«
Erwin Ernest Barnes, Bordschütze der Royal Air Force.

Dresden erinnert er Feuer, gewaltige Feuer, Barnes spricht nicht gerne darüber. »Es war ein Massaker, das war uns klar. Ich mochte es nicht, ich mochte es überhaupt nicht. Doch so ist der Krieg.«

Ein anderes Mal nehmen sie einen geheimnisvollen Passagier mit. Barnes ist noch heute beeindruckt von der Kaltblütigkeit dieses Mannes, der sich auf dem ersten Teil des Fluges hinlegt und döst, dann in aller Ruhe einen Fallschirm anlegt und mit den Worten »Cheerio, boys« in die Dunkelheit hinausspringt. War er ein Agent seiner Majestät? Oder ein Widerstandskämpfer? Barnes weiß es nicht, ebenso wenig, wo der Mann absprang.

Zurück zum Flug des 7. März: Die *Lancaster* klinkt Bomben über Harburg aus. »Wir sahen, wie die Stadt brannte. Es brannte an vielen Stellen, es brannte überall. Ich dachte: Warum müssen wir das tun? Es brennt doch bereits«, sagt Barnes. Die *Lancaster* dreht eine große Schleife und soll dann den nächsten Angriff fliegen, diesmal auf Hamburg.

Doch dann wird es hell! Die *Lancaster* ist in den Fokus eines Flakscheinwerfers geraten. Der Bomber wird durchgerüttelt. Treffer! Und ein weiterer, noch einer. Barnes erkennt, dass drei der vier Motoren Feuer gefangen haben. Er verliert seine Sauerstoffmaske und seine Sprechfunkausrüstung, kann sich nicht mehr mit den anderen verständigen. Die Crew denkt, er sei getroffen worden und tot.

»Wir flogen mit einem Motor weiter, das Flugzeug ging in langsamen Sinkflug«, sagt er. »Mir war klar, dass wir landen mussten. Ein mieses Gefühl.« Den Piloten gelingt es, die letzten Bomben loszuwerden, auf freiem Feld. »Verflucht«, denkt Barnes, »ich komme nicht mehr nach Hause.«

Notlandung in der Dunkelheit, irgendwo auf der Nordsee. Der Aufprall ist heftig, doch das Flugzeug bleibt intakt. Niemand aus der Crew ist ernstlich verletzt. Zufällig bemerkt einer der Kameraden Barnes, der mit seiner wattierten Kleidung in der Wabe stecken geblieben ist und beinahe ertrinkt. Sie ziehen ihn heraus. Barnes wundert sich, dass ihr Flugzeug nicht untergeht. Die Männer reden leise, gedrückt, sie stecken sich Zigaretten an. In der Ferne sehen sie die Lichter einer Stadt. Ist das Bremerhaven? Es ist kalt und neblig, und als der neue Tag anbricht, erkennen die frierenden Gestalten, dass sie auf einer Art Sandbank notgelandet sind. Sie befinden sich irgendwo im Mündungsgebiet der Weser.

Das Wasser kommt mit der nächsten Flut zurück, und auch der Wind brist auf. Barnes schätzt, dass es mit etwa fünf Beaufort weht. Meerwasser dringt in den Bomber ein, der langsam vollläuft. Ein Boot hält auf sie zu, Barnes erkennt zwei Flaggen am Heck: ein rotes Kreuz und das Kreuz der Hanse. Es sind Seenotretter! Stationiert ist das Boot am Dorumer Tief, einem kleinen Hafen im Wurster Land, nördlich von Wremen.

»Wir überlegten, die Besatzung anzugreifen«, sagt Barnes. »Wir wollten uns nicht ergeben. Wir waren so voller Hass auf die Nazis.«

Die Situation ist entsprechend angespannt.

»Schnell, schnell!«, rufen die Seenotretter, denn es bleibt nicht viel Zeit, bis der Bomber sinkt. Barnes erinnert sich daran, dass er sich zunächst weigert, in das Boot der Seenotretter umzusteigen. Dass er die Retter, die er nicht als Retter anerkennen will, wuterfüllt anstarrt. Er will nicht, dass ihm die Feinde helfen. Er will lieber untergehen.

Fluchend willigt er ein. Etwa eine halbe Stunde dauert die Fahrt, dann ist eine Kaimauer erreicht: Bremerhaven. Die Männer stellen sich in einer Reihe auf, nennen ihre Namen. Man bringt sie in ein Gebäude, sie bekommen eine Tasse Suppe, Barnes weiß noch, dass Verhöre beginnen, doch seine Erinnerungen verschwimmen. Die Erschöpfung sitzt zu tief. Seinen Eltern wird Barnes zu diesem Zeitpunkt als vermisst gemeldet; den Brief, den sie erhielten, besitzt er noch. Er hat das brüchige Papier sorgfältig geklebt.

Was in den nächsten Wochen passiert, kann er zeitlich und örtlich nicht mehr genau einordnen. Es ist eine Reise durch ein zerstörtes Land, am Ende eines Krieges. Zugfahrten, Märsche, ein Kriegsgefangenenlager, Isolationshaft, Hunger. Eine Gruppe – in welcher Stadt, weiß Barnes nicht mehr genau, er meint, es sei in Hamburg gewesen – bewirft einen Zug der Gefangenen mit Steinen.

In einem Lager gerät Barnes in einen Streit mit einem Wachmann. Es ist eigentlich kein Streit, es ist ein Blick, eine Nichtigkeit. In einem Klima aus Hass und Gewalt genügt das, um gleich ans Äußerste zu gehen. Der Wachmann befiehlt Barnes, sich hinzuknien. Dann hebt er sein Gewehr und zielt auf den Kopf. Direkt in Barnes' Gesicht. »Ich habe ihm in die Augen gesehen«, sagt Barnes, »ich habe in sein Gesicht gestarrt, so intensiv, wie ich es nur konnte. Ich wusste, es war meine einzige Chance.«

Der Wachmann setzt die Waffe wieder ab, ein kaltblütiger Mörder ist er nicht.

»Das Schicksal spielte in diesem Moment mit«, sagt Barnes.

Einen Monat nach Ende des Krieges entlässt man ihn und die anderen Crewmitglieder der *Lancaster* aus der Gefangenschaft. Die Besatzung des Bombers, in dem Barnes diente, kehrt auf ein letztes Pint Bier in einen Pub von Southampton ein. Die Männer stoßen an und geben sich ein Versprechen: Sie wollen sich nicht mehr wiedersehen. Ein Pakt, um abzuschließen, um den Krieg und das, was sie erlebt haben, hinter sich zu lassen. »Jeder von uns wollte loslassen«, sagt Barnes. Der Krieg sollte endgültig vorbei sein und ein neuer Abschnitt des Lebens beginnen, einer, der ohne die Hypothek einer gemeinsamen Erinnerung startete. Sie sehen sich nie wieder. Barnes weiß, dass einer der Kameraden von seinem Flugzeug nur wenige Meilen von ihm entfernt lebte.

Er findet einen Job als Arbeiter in einer Fabrik, die Gummi produziert, wird dann Hausmeister in einem Elektrizitätswerk. Er heiratet Doreen, seine Jugendliebe. Sie haben drei Kinder, Mädchen, es ist ein geordnetes, ein ruhiges Leben am Ende einer langen Reihe Häuser, am Rande von Southampton.

Doch eine Erinnerung lässt Mister Barnes nicht los: die Nacht seiner Rettung. Wieder und wieder spielt er die Szenen in seinem Kopf durch. Er sieht die Bilder vor sich: die helfenden Hände, die nach ihm greifen. Das Boot der Seenotretter. Er denkt darüber nach, wie tief sein Hass saß. War es nicht falsch, so feindselig zu sein? Musste er sich nicht für die Rettung bedanken? Hatte er den Männern Unrecht getan, die ihnen halfen, obwohl sie erbitterte Feinde waren? Jahr um Jahr vergeht, und aus dem leisen Zweifel wird für Mister Barnes eine Gewissheit: »Ich hatte mich falsch verhalten«, sagt er. »Es tat mir leid.«

Noch heute sieht er betroffen aus, wenn er diese Sätze sagt.

Als seine Doreen stirbt, steht er wenige Tage nach der Beerdigung an ihrem Grab und fasst einen Entschluss. Er will sich entschuldigen. In England hat die Seenotrettung Tradition in den Familien; oft wird ein Posten vom Vater an den Sohn weitergegeben. Ist das in Deutschland auch so? Lebt vielleicht einer seiner Retter noch? Oder kann er einen Angehörigen treffen, seinen Sohn? Mister Barnes kennt sich mit dem Internet nicht aus. Er beschließt, nach Bremerhaven zu fahren und es herauszufinden.

Er packt seinen Koffer und geht zum Busbahnhof. Er kauft eine Fahrkarte nach Brüssel und weiter nach Bremen, 84 Pfund, hin und zurück. Morgens um acht Uhr beginnt die Reise, am darauffolgenden Tag erreicht er gegen Mittag Bremen. Von dort nimmt er den Zug nach Bremerhaven. Mehr als 65 Jahre sind seit der Rettung vergangen. Er spricht kein Deutsch und erkennt in der Stadt nichts wieder. Kaum eine Stadt hat in den vergangenen Jahrzehnten ihr Gesicht mehr verändert als Bremerhaven. Es dauert, bis er den Seenotkreuzer findet, im Alten Vorhafen, auf Höhe der Lotsenstation.

Barnes ist aufgewühlt, aufgeregt, als er über die Gangway geht. Er fragt vorsichtig nach dem Vormann.

»Ich habe euch als meine Feinde gesehen. Ich möchte mich entschuldigen«, bringt er hervor. »Erst heute kann ich würdigen, was ihr getan habt, und ich möchte mich stellvertretend bei Ihnen und Ihrer Besatzung dafür bedanken.«

Vormann Uwe Gerdelmann ist überrascht und gerührt. Die Männer trinken in der Messe Kaffee und erzählen ihre Geschichten. Gerdelmann berichtet von seiner Mutter, die acht Jahre alt war, als der Krieg endete und sie Richtung Westen fliehen musste. Als sich Mister Barnes verabschiedet, erinnert sich Vormann Gerdelmann, war es ein berührender Moment.

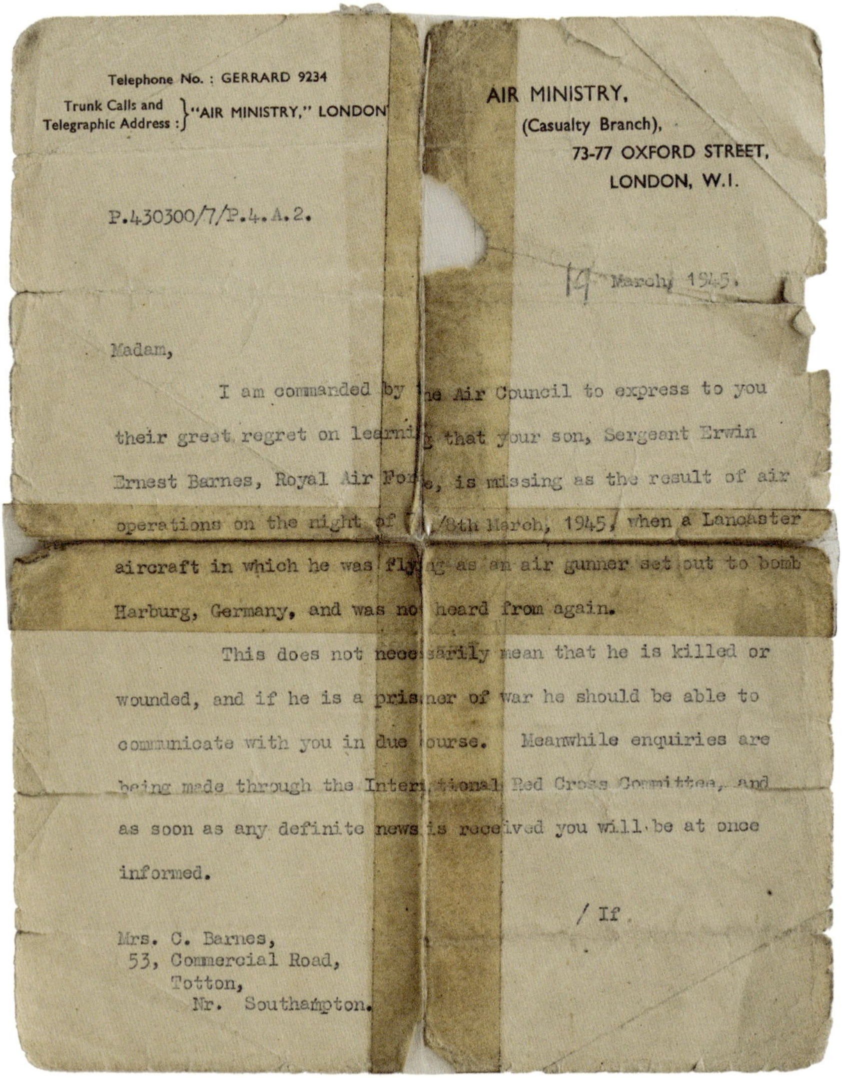

Telephone No. : GERRARD 9234
Trunk Calls and Telegraphic Address : } "AIR MINISTRY," LONDON

AIR MINISTRY,
(Casualty Branch),
73-77 OXFORD STREET,
LONDON, W.I.

P.430300/7/P.4.A.2.

19 March, 1945.

Madam,

I am commanded by the Air Council to express to you their great regret on learning that your son, Sergeant Erwin Ernest Barnes, Royal Air Force, is missing as the result of air operations on the night of /8th March, 1945, when a Lancaster aircraft in which he was flying as an air gunner set out to bomb Harburg, Germany, and was not heard from again.

This does not necessarily mean that he is killed or wounded, and if he is a prisoner of war he should be able to communicate with you in due course. Meanwhile enquiries are being made through the International Red Cross Committee, and as soon as any definite news is received you will be at once informed.

/ If

Mrs. C. Barnes,
53, Commercial Road,
Totton,
Nr. Southampton.

Brief aus dem Krieg: Mit diesem Schreiben informierte die Royal Air Force die Mutter von Erwin Ernest Barnes, dass ihr Sohn vermisst wurde.

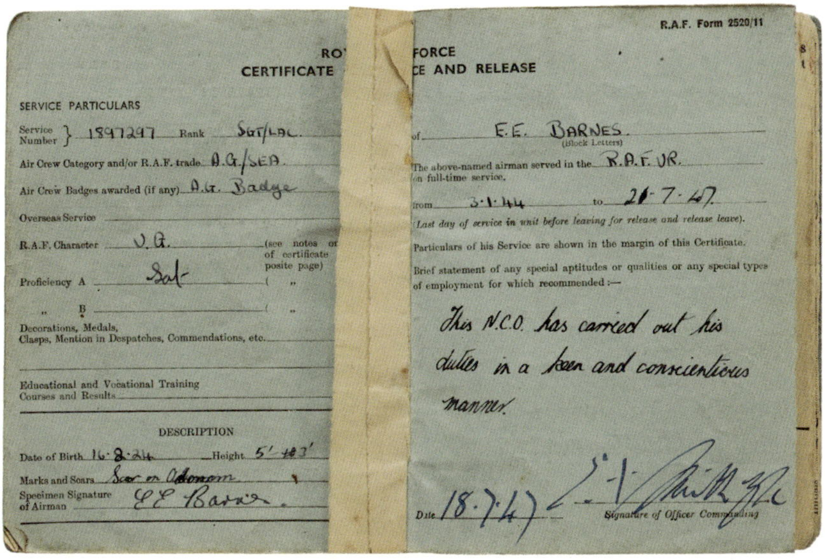

R.A.F. Form 2520/11

ROY FORCE
CERTIFICATE CE AND RELEASE

SERVICE PARTICULARS

Service Number } 1897297 Rank SGT/LAC.

Air Crew Category and/or R.A.F. trade A.G./SEA.

Air Crew Badges awarded (if any) A.G. Badge

Overseas Service

R.A.F. Character V.G. (see notes of certificate posite page)

Proficiency A Sat (")

" B (")

Decorations, Medals, Clasps, Mention in Despatches, Commendations, etc.

Educational and Vocational Training Courses and Results

DESCRIPTION

Date of Birth 16.2.24 Height 5' 10 3/4"

Marks and Scars Scar on Abdomen

Specimen Signature of Airman E E Barnes.

of E.E. BARNES. (Block Letters)

The above-named airman served in the R.A.F. V.R. on full-time service,

from 3.1.44 to 21.7.47.

(Last day of service in unit before leaving for release and release leave).

Particulars of his Service are shown in the margin of this Certificate.

Brief statement of any special aptitudes or qualities or any special types of employment for which recommended :—

This N.C.O. has carried out his duties in a keen and conscientious manner.

Date 18.7.47 Signature of Officer Commanding

R.A.F. Form 2520A
AIRMAN

263177

ROYAL AIR FORCE
SERVICE AND RELEASE BOOK

Rank SGT/LAC

Service Number 1897297

Surname BARNES

Initials E.E.

Class of Release A

Age and Service Group No. 37

Kurz vor Weihnachten trifft ein Brief in der Station ein, abgeschickt in England. Sorgfältig in Papier eingewickelt sind mehrere Geldscheine beigelegt. Auf einem Zettel stehen zwei Worte: »Thank you.«

Im Juni 2012 enthüllt Königin Elisabeth II. in London das Royal Air Force Bomber Command Memorial. Auch Erwin Ernest Barnes ist zur Zeremonie geladen, doch er erinnert sich an seinen Schwur. Er will nicht fahren. Am Morgen der Eröffnung überlegt er es sich jedoch anders. Er steigt in einen Bus nach London. Weil er aber nicht angemeldet ist, lassen ihn die Polizisten nicht zu den Feierlichkeiten vor.

»Als die Zeremonie beendet war und das Publikum sich zerstreute, ging er allein durch ein Meer roter Blütenblätter über das Gelände zum Denkmal. Seine Kameraden sah er tatsächlich nie wieder«, berichtet Antke Reemts von den Seenotrettern, die seit seinem Besuch in Bremerhaven Kontakt mit ihm hielt.

Im Mai 2013 stirbt Erwin Ernest Barnes.

Wenige Wochen nach seinem Tod findet Antke Reemts im Archiv der DGzRS ein Bündel alter, zerfallener Bücher. Es ist ein Zufallsfund. Die Bücher sind handgeschrieben und durch einen seltsamen Umstand in die Bremer Zentrale gelangt: Jemand hatte sie in Bremerhaven auf einem Haufen mit Bauschutt entdeckt und beim Durchblättern herausgefunden, dass es sich um Logbücher der DGzRS handelt.

Antke Reemts blättert in den Unterlagen und mag es kaum glauben: Es sind die Logbücher des Motorrettungsbootes *Weser* aus dem Jahr 1944, geführt von Ernst Hinrich Huck, dem Vormann vom Dorumer Tief. Wartungsberichte, Alltägliches, 1945 werden die Eintragungen spärlicher, offensichtlich weil in diesem Stadium des Krieges das Papier knapp wurde. Die Seiten sind immer enger mit Bleistift beschrieben, und die große, fließende Handschrift des Vormanns sieht immer kleiner und gedrängter aus.

»Ganz aufgeregt stellte ich fest, dass das Motorrettungsboot *Weser* von Ende Februar bis Mitte März 1945 in der Werft in Brake gewesen war und in dieser Zeit das alte Reserve-Motorrettungsboot *Geheimrat Heinrich*

Gerlach genutzt wurde«, sagt Antke Reemts. Ihr Blick fällt auf einen einzelnen Eintrag am Ende eines Heftes mit dem Titel »Besondere Vorkommnisse«. Kopfüber, entgegen der Schreibrichtung, hatte Vormann Huck auf der letzten Seite des Heftes ganz unten einen Eintrag vermerkt:

»8. 3. 45 – Sieben englische Flieger im Quadrant 1913 gerettet.«

In einer kleinen Kladde gibt es einen weiteren, undatierten Eintrag, quer im Buchdeckel: »Sahen um 21:40 Uhr Flugzeug abstürzen, sind sofort dahin ausgelaufen.«

Zwischen Dorumer Tief und Quadrant 1913 – nahe des Leuchtturms Roter Sand, der zu dieser Zeit noch bemannt ist – liegen knapp 16 Seemeilen. Selbst unter idealen Umständen hätte ein Boot der Seenotretter im Jahre 1945 vier Stunden Fahrzeit benötigt. Dies erklärt, warum die Besatzung des Bombers im Morgengrauen des 8. März gerettet wurde. Eines beweisen die Einträge: Es war eindeutig die Besatzung von Vormann Ernst Hinrich Huck auf dem Reserve-Motorrettungsboot *Geheimrat Heinrich Gerlach,* die die britische Bomberbesatzung rettete.

»Wenn Erwin nur wenige Wochen länger gelebt hätte«, sagte Antke Reemts, »hätte ich das Geheimnis für ihn lüften können.«

Erwin Ernest Barnes, Jahrgang 1926, verstarb, bevor dieses Buch publiziert wurde. In den Jahren nach seinem Besuch entwickelte sich eine Freundschaft zu den Seenotrettern; mehrere Male reiste er nach Bremen und Hamburg. Ernst Hinrich Huck, Vormann der Station Dorumer Tief, starb am 3. März 1981.

+++

Die Boote der Bremer Seenotretter waren im Zweiten Weltkrieg im Schutz der Genfer Konvention für »Freund wie Feind« im Einsatz. Neben dem Zeichen des Roten Kreuzes führten sie ihre traditionelle Flagge mit dem Hanseatenkreuz am Heck.

+++ Seenotrettungskreuzer »Bremen« +++ Frachter südwestlich von Amrum auf Grund +++ 1. August 1964 +++

VORMANN TADSEN BEHÄLT DIE NERVEN

Ein Erzfrachter läuft vor Amrum auf eine Sandbank, doch der Kapitän lehnt jede Hilfe ab. Ein Sturm zieht auf. Die »Pella« zerbricht in zwei Teile. 25 Seeleute befinden sich nun in größter Lebensgefahr. Vormann Harry Tadsen geht den heiklen Einsatz an wie immer: mit stoischer Ruhe.

Das Wrack ist bei Ebbe vom Strand aus zu sehen, ein rostendes Mahnmal kurz vor dem Horizont, südwestlich von Amrum. Was vom Holzfrachter *Pallas* übrig blieb, der am 29. Oktober 1998 auf Grund lief und ausbrannte, ist auch eine Erinnerung an ein Versagen von Behörden. Vor der Küste des dänischen Esbjerg war der Frachter in Brand geraten.

»Mayday, Mayday, motorvessel *Pallas,* C6LO9, fire on deck, 17 persons on board, request immediate assistance in position 20 nautical miles west of Esbjerg«, lautete der Notruf. Die Crewmitglieder wurden mit Hubschraubern gerettet, wobei der Smut einen Herzinfarkt erlitt und starb. Der brennende Frachter trieb – nun menschenleer – über die dänisch-deutsche Grenze auf die Küste zu und in den Nationalpark Schleswig-Holsteinisches Wattenmeer hinein. Alle Bemühungen, den 150 Meter langen Havaristen im Sturm unter Kontrolle zu bringen, waren zu diesem Zeitpunkt gescheitert.

Einen Monat lang brannte das Schiff, bevor es schließlich auseinanderbrach. Das Öl, das im Sturm ungehindert in die Nordsee strömte, tötete mehr als 10 000 Seevögel und belastete das sensible Ökosystem des Wattenmeers. Viele Bewohner Amrums halfen bis zur Erschöpfung mit, das Öl am Strand zu beseitigen.

Was folgte, waren Fragen: Wie konnte es zu diesem Unglück kommen? Wieso ließ man die *Pallas* in den Nationalpark driften, warum war die Umweltkatastrophe nicht verhindert worden? Untersuchungsausschüsse und das Seeamt versuchten, Antworten zu finden. Wie sich herausstellte, hatte es Streit über Zuständigkeiten zwischen den Behörden gegeben. Die Koordination der Schiffsbergung: schlicht mangelhaft. Der Streit darüber, wo die Ursachen lagen, beschäftigte den Kieler Landtag. Die Oppositionsparteien CDU und FDP warfen der rot-grünen Landesregierung und speziell dem Umweltminister Versagen vor. Als Konsequenz gründete man schließlich das »Havariekommando« als gemeinsame Einrichtung des Bundes und der fünf Küstenländer. Von Cuxhaven aus werden Katastrophenfälle – sogenannte »komplexe Schadenslagen« – koordiniert und die Küsten überwacht.

So viel zum Fall der *Pallas,* deren Schicksal auch international für Schlagzeilen sorgte.

Ein anderes großes Wrack, das vor Amrum liegt und um das es in dieser Geschichte gehen soll, versank im Laufe der Jahrzehnte im Meeresboden. Es liegt in der Nähe der *Pallas,* nur knapp zwei Seemeilen entfernt, es ist ähnlich groß, es trägt ebenfalls einen griechischen Namen. Die *Pella* strandete 1964, unter noch dramatischeren Umständen. An der Rettung der Seeleute war ein Mann maßgeblich beteiligt: der Amrumer Vormann Harry Tadsen.

Die Westküste Schleswig-Holsteins gilt unter Seefahrern als besonders gefährlich, wegen der starken Weststürme, die Schiffe an Land drücken. Zu Zeiten der Segelschiffe gehörten Havarien beinahe zum Alltag, weshalb gerade die Inselbewohner von Sylt, Amrum und Föhr den

Ruf von Strandräubern hatten. Hunderte Schiffe sanken hier im Sturm. Warum aber der Erzfrachter *Pella* in Schwierigkeiten geriet, ist bis heute ein Rätsel. Das Schiff war, statt nach Süden in die Weser zu laufen, stundenlang nach Norden gedampft. Doch warum nur? Das Wetter war diesig an diesem Tag, aber nicht ungewöhnlich schlecht. Hatte der Kapitän das Leuchtfeuer von Amrum mit dem von Helgoland verwechselt? Gab es ein Problem mit dem Kompass? Oder wollte der Reeder – so lautete ein böses Gerücht entlang der Küste – die Versicherungssumme für das altersschwache Schiff kassieren?

Fest steht, dass sich die *Pella* am 31. Juli 1964 gegen 17:45 Uhr auf den Sänden vor Amrum festfuhr. Der Kapitän setzte zunächst keinen Notruf ab. Am Samstag versuchte er, bei auflaufendem Hochwasser aus eigener Kraft von der Sandbank herunterzukommen, was ihm nicht gelang. Ein Bergungsschlepper der Reederei Bugsier, der über Norddeich Radio mitbekommen hatte, dass ein Seenotfall vorlag, bot seine Dienste an. Der Kapitän der *Pella* lehnte die Hilfe ab, um Kosten zu sparen. Bergungseinsätze sind teuer und griechische Reeder traditionell für besondere Sparsamkeit bekannt.

Was der Kapitän nicht bedachte, nicht wusste oder nicht erfuhr: Das Wetter verschlechterte sich. Ein Sturm zog auf, ungewöhnlich für diesen Monat und außergewöhnlich heftig. Der Wind nahm stündlich zu, Windstärke acht, neun, auf Helgoland wurden in dieser Nacht sogar zehn Beaufort gemessen. Am 1. August um 19:15 Uhr ging auf dem Seenotkreuzer *Bremen,* der in Wittdün auf Amrum an der Kaimauer lag, ein Alarm ein: »Frachter im Rütergat auf Grund gelaufen.« Vormann Tadsen rief drei freiwillige Retter von der Insel zusammen und lief keine Dreiviertelstunde später mit der *Bremen* aus, zur Position, die der Schlepper an die Zentrale in Bremen durchgegeben hatte. Ein erneutes Angebot des Bergungsschleppers von Bugsier, den Frachter von der Sandbank zu ziehen, war unbeantwortet geblieben.

»Kurz nach neun trafen wir bei der *Pella* ein, das Wetter war inzwischen sehr schlecht. Vier bis fünf Meter hoch waren die Wellen, schätze ich, eine kurze Welle. Außer uns lagen nun zwei Schlepper in Bereitschaft, und ich bot dem Kapitän der *Pella* an, zu uns an Bord zu kommen, um mit seinem Makler in Bremen zu sprechen. Der Mann lehnte ab«, erinnert sich Vormann Tadsen. Er entschied sich, in der Nähe zu bleiben, auf Stand-by. Ein Havarist im Sturm, ein Kapitän, der sich nicht über Funk meldete – das konnte nichts Gutes heißen.

Wie ein Sandsack, auf den ein Boxer immer wieder einschlägt, lag die *Pella* in den kommenden Stunden quer zur See und war der vollen Kraft der Wellen ausgesetzt. Für die 25 Mannschaftsmitglieder (24 Griechen, ein Funker aus den Niederlanden) an Bord müssen es Stunden voller Angst gewesen sein. Der Seegang sorgte dafür, dass sich am Schiffsboden Kuhlen bildeten; der voll beladene Frachter wurde unterspült. Mitten in der Nacht war dann ein Krachen im Sturm zu hören: Der Stahl des Schiffs gab unter dem Gewicht nach.

»Um 3:30 Uhr wird es auf dem Schiff lebendig«, schrieb Tadsen lakonisch in seinen Einsatzbericht. »Es beginnt durchzubrechen.«

Zwischen Schornstein und Brücke klaffte ein Riss, der sich in kurzer Zeit vergrößerte. Es sah aus wie in einem Hollywood-Actionfilm – und es geschah schnell. »Immer krachte es laut«, sagt Tadsen. Kein Wunder, denn im Maschinenraum verschoben sich die tonnenschweren Kessel. Der Stahl der Doppelhülle riss auf. Dann gab es einen lauten Knall, ähnlich einer Explosion – die *Pella* bestand nun aus zwei Teilen. Offiziere, Mannschaft und Maschinenbesatzung retteten sich aufs Vorschiff, wobei sie erstaunliche Nervenstärke bewiesen. Einige Besatzungsmitglieder nahmen sich noch die Zeit, ihre Seesäcke zu packen, bevor sie in den Sturm gingen.

Und nun begann, was viele für eine der größten Rettungstaten an der Küste halten und eine Meisterleistung aus Mut und seemännischem Können. Mehr als 30 Mal steuerte Tadsen die *Bremen* an den Havaristen heran, um die Schiffbrüchigen aufzunehmen. Jeden für sich. Die Seeleute sprangen herüber und warfen ihre Seesäcke an Bord des Kreuzers, an dessen Deck es im Laufe der nächsten Stunden eng wurde.

Jeder einzelne Anlauf bedeutete, das eigene Leben in Gefahr zu bringen. Wie schwierig, wie gefährlich war die Rettungsaktion für den Seenotkreuzer?

Tadsen rückt verlegen seine Kappe zurecht, er winkt ab. »Ach wat, Jong. Hat doch gut geklappt.«

Eine Untertreibung, wie sie für Seenotretter üblich ist. Bloß kein Wort zu viel, nur nicht den Eindruck erwecken, dass etwas Besonderes geleistet wurde. Dabei ist bekannt, dass die *Bremen,* die wegen des Gewichts der Geretteten an Deck toplastig geworden war, mindestens einmal weit überholte. Sie stieß mit der Funkantenne gegen den Havaristen, die daraufhin abbrach. Den Vormann beeindruckte dies scheinbar nicht besonders. Er fuhr weiter seine Rettungsmissionen, mit stoischer Ruhe. Kurz nach Sonnenaufgang hatte Tadsen alle Seeleute gerettet und lief Wittdün an. Jeder an Bord wusste: Ein Fehlsprung hätte fatale Folgen gehabt, denn eine Rettung aus dem Wasser wäre bei diesem Seegang nahezu unmöglich gewesen.

Was Tadsen in dieser Nacht leistete, verdient die Bezeichnung Heldentat.

Die Mannschaft der *Pella* kam in einem leer stehenden Kinderheim unter und reiste am kommenden Tag über Hamburg in ihre Heimat Griechenland zurück; der Kapitän der *Pella* gab im Verhör mit der Wasserschutzpolizei an, keine Erklärung für seinen seltsamen Kurs zu haben. Was dazu führte, dass er so weit im Norden der Deutschen Bucht auf Grund lief, blieb sein Geheimnis.

Für Inselbewohner und Feriengäste wurde das Wrack der *Pella* in den kommenden Wochen zur Sommerattraktion. Ausflugsboote steuerten hinaus, und Hunderte Schaulustige ließen sich mit dem Wrack fotografieren, wobei einige Wagemutige sogar für einen Schnappschuss an Bord kletterten. Es waren auch die Tage der Strandräuber, denn das Wrack wurde unter den Augen des Zolls systematisch ausgeräumt.

Schnaps, Zigaretten, Baumaterial verschwanden, und so manches Souvenir montierten Insulaner ab, vom Bullauge bis zum Maschinentelegrafen. Weil das Schiff außerhalb der Dreimeilenzone lag, befand es sich nicht im Hoheitsraum der deutschen Behörden. Sie durften erst eingreifen, wenn die Beute an Land kam – und diese gut zu verstecken, beherrschen die Inselbewohner seit Jahrhunderten.

Im Laufe der nächsten Monate versank die *Pella* im Sand, Stück für Stück, und was noch herausragte – am Ende nur eine Spitze der Brücke – zerschlug die Nordsee während der folgenden Stürme. Dass vom Wrack noch immer eine Gefahr ausgeht, erlebten Fischer im August 2001. Die Netze ihres Kutters verhakten sich mit Teilen des Wracks, worauf das Schiff kenterte und sank. Die Männer konnten sich auf ein Floß retten. Sie wurden von der Besatzung des Seenotrettungskreuzers *Eiswette* von der Station Nordstrand gerettet.

Harry Tadsen, Jahrgang 1928, kam in Hamburg zur Welt und stammt aus einer Familie von Seefahrern. Schon sein Großvater war Kapitän. Der Vater von fünf Kindern und Großvater von 13 Enkeln lebte bis zu seinem Tod im Jahre 2012 auf der Nordseeinsel Amrum. Für seine Arbeit wurde er von Bundespräsident Karl Carstens mit dem Bundesverdienstkreuz geehrt.

SAR

+++ Seenotrettungsboot »Hecht«, Station Usedom +++ Junge am Strand von Zinnowitz vermisst +++ Feuerwehrmann verunglückt +++ 9. August 2004 +++

EIN TRAKTOR MIT SEEFUNK

Auf Usedom, der Station nahe an der Grenze zu Polen, gibt es eine Besonderheit: Die Seenotretter fahren mit dem Trecker zum Einsatz. Vormann Michael Hackenschmid über einen Tag, als es fast einen Helfer erwischte.

Ich bin Vormann der Station Zinnowitz, aber Heizungsmonteur von Beruf und einer von mehr als 800 freiwilligen Rettern entlang der deutschen Küsten. Seit 1987 bin ich schon dabei, vorher arbeitete ich unter anderem im Heizkraftwerk der Wismut. Mich interessieren technische Dinge, und ich mag es, wie so viele meiner Kollegen, anderen Menschen zu helfen. Unsere Station auf Usedom ist etwas Besonderes, untergebracht in einem alten, roten Backsteingebäude mit zwei großen Toren, auf der Dünenstraße mitten im Ort. Sie liegt zwischen zwei Hotels.

Manche meinen, es sei einer der schönsten Schuppen der Seenotretter. Auf jeden Fall ist es einer mit einer langen Tradition, die Station wurde schon 1882 gegründet. Damals gingen die Seenotretter mit Raketenapparaten, Hosenbojen und offenen Ruderbooten an den Strand. Heute haben wir andere Probleme: Die Dünenstraße ist eng, und wenn ein Autofahrer in der Hochsaison rücksichtslos parkt, haben wir manchmal Probleme, unser Boot aus der Garage zu bekommen.

Hecht heißt das Boot, sieben Meter lang. Damit kommen wir überallhin, aber wir müssen es erst ins Wasser bringen mit unserem Traktor. Weil das schnell gehen muss, üben wir. Immer wieder, Woche für Woche, fahren wir an den Strand und lassen das Boot vom Trailer in den Wellen aufschwimmen. Früher hatten wir einen Unimog, doch der war irgendwann verschlissen. Unser Traktor ist nicht grün, sondern im typischen Rot der Seenotretter lackiert, acht Tonnen schwer, und wurde für den Einsatz in der Brandung umgebaut. Bis zu einem Meter Wassertiefe können wir damit in die Wellen fahren, das machen Elektrik und der Motor mit. Außerdem ist es vermutlich der einzige Trecker in Deutschland, der ein Seefunkgerät an Bord hat. Ein richtiger Seenottraktor.

Auf der Insel Oie ist außerdem der Seenotkreuzer *Eugen* stationiert. Mit diesen Schiffen sind wir für die Sicherheit an den Küsten Usedoms zuständig. Im Seenotfall und im Katastrophenfall helfen wir grenzübergreifend bis Polen, Hilfe kennt keine Grenzen. Mehr als 20 Seenotretter gehören zur Station, und das ist gut so. Über mangelnde Arbeit können wir uns jedenfalls nicht beklagen.

Schwimmer, Surfer, Kiteboarder, Fischer – manchmal denke ich, die Freizeitskipper werden immer sorgloser. Vor Kurzem haben wir jemandem geholfen, der meinte, mit einem Autoatlas navigieren zu können. Als ich ihn fragte, wie er sich das vorstellte, entgegnete er: »Wieso? Wasser ist doch in der Karte, und Wasser ist Wasser.« Darauf sagt man dann besser nichts. Die Leute wissen in ihrem Leichtsinn oft gar nicht, welchen Gefahren sie sich aussetzen. Leider mussten wir auch schon Tote aus dem Achterwasser bergen.

Es gibt Einsätze, die prägen sich im Gedächtnis ein, weil sie ungewöhnlich sind oder weil ungewöhnliche Dinge passieren. Am 9. August 2004 hatten wir so einen Fall. »Kleiner Junge am Strand vermisst! Neun Jahre alt«, lautete die Meldung. Die Sonne schien an diesem Sommertag, doch der Wind wehte stürmisch, und die Brandung, die auf den Strand lief, war ungewöhnlich hoch. Zwei bis drei Meter Welle. Als wir an den Strand kamen, dachte ich: »Wieso geht ein kleiner Junge in solch einem Wetter schwimmen?« Wir beeilten uns, ins Wasser zu kommen, wie auch die Rettungsschwimmer und die Kollegen der Feuerwehr. In einem ihrer Schlauchboote saßen drei Männer. Sie wurden beim Versuch, über die Brandung zu reiten, herausgeschleudert. Auch ein zweites Boot kenterte, und ein Feuerwehrmann kam dabei mit dem Arm in das Rotorblatt. Seinen Kameraden erwischte es noch schlimmer, als der Benzinschlauch abriss. Er wurde ohnmächtig, vermutlich wegen der Dämpfe, die austraten, und trieb unter dem umgekippten Schlauchboot. Das Wasser war an dieser Stelle bereits tief, etwa drei Meter, und ein solches Einsatzboot ist schwer. Es war also alles andere als leicht, es zu drehen. Höchste Gefahr für den Feuerwehrmann! Mit einer Leine zogen wir es in flacheres Wasser – und dann gaben fünf Männer alles, um das schwere Boot einseitig anzuheben. Auch Urlauber packten mit an. Ein Notarzt versorgte den Feuerwehrmann noch am Strand und konnte ihn wiederbeleben. Er hat wirklich einen »Schutzengel« gehabt. Wären wir schon draußen auf See gewesen, hätte es böse ausgehen können. Wir suchten weiter nach dem vermissten Jungen.

Der Einsatz endete schließlich doch noch mit allgemeiner Erleichterung. Die Eltern meldeten sich etwa eine Stunde später mit einer Nachricht, dass der Junge wieder aufgetaucht sei. Er war beim Schwimmen abgetrieben worden und im ersten Schrecken am Strand in die falsche Richtung gelaufen.

Michael »Hacki« Hackenschmid, Jahrgang 1964,
ist Vormann der Station Zinnowitz. Er lebt auf Usedom.

+++ Seenotrettungsboot »Neuharlingersiel«, Station Neuharlingersiel +++ im Watt vor Spiekeroog +++ Pfingsten 2008 +++

FÜNF FREUNDE, VERLOREN IM WATT

Der Maitag ist mild und ruhig, doch als der Notruf eintrifft, weiß der erfahrene Vormann Wolfgang Gruben sofort: Es geht um Leben und Tod. Fünf Mädchen sind im Watt zwischen Neuharlingersiel und Spiekeroog von der Flut eingeschlossen – und das Wasser steigt weiter.

Manche Einsätze, in denen es um alles geht, sehen nicht sehr dramatisch aus. Dann brüllt kein Sturm, kommen die Wellen nicht wie Fäuste aus Wasser, und doch steht man unter Adrenalin. Weil man einfach weiß: »Wenn ich jetzt zu spät komme, dann gibt es Tote.« Einen solchen Fall gab es zu Pfingsten 2008. Ein lauer Tag Anfang Mai, knapp 18 Grad Lufttemperatur, die Sonne schien zur Mittagszeit, der Himmel tiefblau, alles so weit ruhig.

Bis dieser Anruf aus dem Watt kam.

»Papa, Papa, hilf uns!« Die Mädchen schrien um Hilfe. Sie klammerten sich an einer Fahrwassertonne fest, die mit Muscheln bewachsen war. Für den Vater, der am Strand spazierte, muss es ein furchtbarer Moment gewesen sein. Ihre Position konnten die Teenager nicht durchgeben. Etwa zweieinhalb Kilometer – das sollte sich später herausstellen – waren die fünf vom Ufer entfernt, als sie bemerkten, dass die Flut auflief. Beim Muschelsuchen hatten sie sich immer weiter vom Strand entfernt und unbemerkt eine trockengelaufene Rinne – einen Priel – durchquert. Als sie irgendwann umdrehten, schnitt ihnen das auflaufende Wasser den Rückweg ab.

Die Mädchen, alle um die 14 Jahre alt, Feriengäste aus dem Landkreis Grafschaft Bentheim, trafen eine fatale Entscheidung. Die Insel Spiekeroog sah näher aus als das Festland. Sie liefen jetzt in die falsche Richtung. Was sie nicht wussten: Die Insel konnten sie auf diesem Weg nicht erreichen. In den nun wieder überflutenden Wattflächen öffneten sich die Schalen der Meeresbewohner, um Nahrung aus dem Wasser zu filtern. Für die Mädchen, die barfüßig im Watt waren, wurde jeder Schritt über die scharfkantigen Schalen zur Tortur.

Immer wieder kommt es vor, dass Gäste das Watt vor den Ostfriesischen Inseln unterschätzen. Das Wasser steigt schnell, die Priele laufen voll. Manche verirren sich, wenn Seenebel aufzieht. Leider ist häufig, zu häufig, auch Leichtsinn im Spiel.

Der Notruf der Mädchen wurde von der Polizei an die Seenotleitung in Bremen weitergegeben, die sofort unseren Seenotrettungskreuzer *Neuharlingersiel* alarmierte. Beim Einsatz begleitete mich Rettungsmann Peter Henning, ein groß gewachsener, starker Kerl, und ich wusste, dass sich auch *Christoph 26* auf den Weg machte, ein Rettungshubschrauber, der in Wilhelmshaven stationiert ist. Wir waren nur zu zweit an Bord, denn wir beiden waren in weniger als fünf Minuten am Boot gewesen und klar zum Auslaufen. Wir mussten schnell sein. Die Nordsee hat nur um die elf Grad in dieser Jahreszeit.

Ich hatte wirklich Angst, dass wir zu spät kommen könnten.

Wir wussten nicht, um welche Tonne es sich handelte. Das Wasser war schon ziemlich aufgelaufen. Ich prüfte auf der Seekarte, wo genau sich die Markierungen des Fahrwassers befanden, und steuerte sie eine nach der anderen an.

An der fünften sahen wir die Mädchen: Die Nordsee stand ihnen bis zum Oberkörper, die Strömung war stark. Verzweifelt hielten sie sich fest, mit Armen und Beinen. Die Tonne aber war mit Muscheln bewachsen, sogenannten Seepocken, deren Oberfläche scharfe Kanten hat. Jeder, der einmal am Strand das Pech hatte, in eine mit Seepocken bewachsene Muschel zu treten, weiß, wovon ich spreche.

Die Mädchen hatten Schnittwunden, einige ziemlich tief, und eines blutete stark. Als wir alle an Bord der *Neuharlingersiel* hatten und sie sahen, wie sich das Deck rot färbte, weinten sie schlimm. Da waren Peter und ich auch als Psychiater gefragt. Wir haben ihnen gut zugeredet, ihnen Mut gemacht und die Wunden, so gut wir konnten, versorgt. Dann schickte ich über Funk den Hubschrauber wieder weg, eine Rettung aus der Luft war nicht mehr nötig.

Mit allem, was die *Neuharlingersiel* hergab, rasten wir zurück in unseren kleinen Hafen. Krankenwagen warteten schon, Notärzte kümmerten sich, und die unterkühlten Mädchen kamen ins Krankenhaus. Eines musste dort bleiben, weil die Schnittverletzungen doch recht gravierend waren. Die Teenager standen außerdem unter Schock. Ich schätze, dass sie fünf Minuten später ertrunken wären.

Dankbarkeit ist so eine Sache, man erlebt alles, vom überbordenden Dank bis zum leisen Schweigen. Worüber ich mich gefreut habe, war ein orangefarbenes Fotoalbum, das mir die Mädchen schenkten. Teresa, Lea, Lena, Jana und Nele. »Zur Erinnerung an die Rettungsaktion der Wattwürmer«, schrieben sie drauf, und gewidmet war es »unseren Schutzengeln«.

Ich stamme aus einer Familie von Fischern, und weil es sich so gehörte, folgte ich der Familientradition. Eine andere Tradition besagt, dass wir Grubens uns als Seenotretter einsetzen. Schon mein Großvater war dabei, und mein Vater Arnold Gruben diente 40 Jahre lang als Vormann. Die Tätowierung auf meinem Unterarm – zwei Hände, die vor untergehender Sonne ineinandergreifen – ist nicht nur Zierde, sondern hat für mich eine wichtige Aussage: Wir helfen, wir packen mit an. Ich selbst bin seit dem Sommer 1969 mit von der Partie, der damalige Vormann sprach mich an, weil er Unterstützung brauchte. Per Handschlag willigte ich ein.

Ich wohne in der Nähe der Anlegestelle und gehöre zu jenen, die mit dem Rad zur Arbeit fahren können. Unterwegs kann ich bei den anderen Jungs an die Fensterscheiben klopfen: »Geiht wieder los!« Unser Gebiet ist die Nordsee rund um die Insel Spiekeroog und bis Wangerooge, und wir haben gut zu tun: Fischer mit Netz in der Schraube, Segler in Seenot, wir transportieren viele Kranke. Einmal fuhren wir eine kranke Frau bei zwölf Beaufort von Spiekeroog herüber, weil der Hubschrauber nicht starten konnte. Der Wind war so heftig, dass der Weihnachtsbaum, der traditionell den Hafen ziert, davonflog, diese Nacht werde ich nie vergessen. Ich bin sicher: die junge Patientin, die einen Ritt wie in einer Achterbahn hinter sich brachte, auch nicht.

Die Seenotrettung hat mir immer Freude bereitet und meinem Leben Sinn gegeben, doch wegen ihr habe ich auch die dunkelsten Stunden erlebt. Es war die Zeit, als ich überlegte aufzuhören: Als mein jüngerer Bruder Bernhard auf See blieb. Ein schweres Unglück auf dem Kreuzer *Alfried Krupp* riss ihn, Vater von fünf kleinen Kindern, aus dem Leben. Maschinist Theo Fischer, der ebenfalls ertrank, hinterließ drei Kinder. Das Unglück zählt zu den schlimmsten in der Geschichte der deutschen Seenotrettung und hat die Menschen an der Küste lange beschäftigt. Für unsere Familien war es eine Katastrophe.

Was in der Nacht des 2. Januar 1995 geschah, wurde später aufgearbeitet und dokumentiert. Ein schwerer Orkan war mit elf Stärken über die Nordsee gezogen, und einige Schiffe hatten Probleme gemeldet. Am ärgsten traf es einen Frachter aus Norwegen, der vor der Insel Texel in Schwierigkeiten geraten war. Alle Seeleute konnten gerettet werden, doch beim Hilfeversuch wurde ein niederländischer Seenotretter von einer Welle von Bord gespült. Eine Rettungsaktion wurde eingeleitet, mit Schiffen aus den Niederlanden, und auch die *Alfried Krupp* meines Bruders lief sofort aus. Es gelang den Einsatzkräften, den Mann zu orten und zu bergen – er hatte unwahrscheinliches Glück gehabt. Alle Schiffe steuerten ihre Heimathäfen an, der Einsatz war abgeschlossen.

Um 22:14 Uhr, die *Alfried Krupp* befand sich nordwestlich vom Seegebiet Hubertgat, riss der Funkverkehr zur Seenotleitung in Bremen ab. Sechs Minuten später war nur noch ein »Mayday, Mayday, Mayday« zu hören, ein Notruf, abgesetzt durch ein Handfunkgerät.

Dann herrschte Stille.

Es war geschehen, wovor sich alle Seeleute fürchten, das schlimmstmögliche Szenario. Das Schiff war von einer Grundsee erfasst worden. So nennt man extreme Brecher, die entstehen, wenn der Sturm Wellen aus tiefem Wasser auf flachen Küstengrund schiebt. Die Gewalt dieser Welle ließ die *Alfried Krupp* komplett durchkentern. Mein Bruder Bernhard stand – von Leinen gesichert – auf der Backbordseite des Fahrstandes. Theo Fischer war auf dem Weg in die Maschine, während Rettungsmann Bernhard Runde unter Deck war. Er hatte sich beim Einsatz im Gesicht verletzt.

Der Kreuzer setzte kieloben mit voller Wucht durch, richtete sich aber wieder auf. Sein Mast war abgeknickt, die Reling eingedrückt. Teile der Ausrüstung hatten sich in die Decke gebohrt. Die Scheiben: eingeschlagen, die Elektronik: lahmgelegt. Beide Seitenmotoren schalteten sich ab, auch die Mittelmaschine fiel aus. Der Kreuzer trieb ohne Antrieb und Elektrik in der hohen Dünung.

Von Theo Fischer war nichts mehr zu sehen. Eine Welle hatte ihn hinfortgespült. Er hatte sich nur kurz abgeschnallt, für einen Kontrollgang in die Maschine – dies wurde ihm zum Verhängnis. Mein Bruder hatte sich beim Durchkentern verletzt, ebenso wie Rettungsmann Dietrich Vehn im unteren Fahrstand, der sich das Fußgelenk gebrochen hatte. Die Männer setzten einen Notruf ab und schossen Seenotsignalraketen in den Sturmhimmel.

Eine Rettungsaktion lief an, und um 23:50 Uhr entdeckte ein Hubschrauber der Marine den Havaristen. Die Männer gingen aufs Vorschiff und versuchten, die Windenschlinge zu greifen, die von der Hubschrauberbesatzung heruntergelassen wurde. Doch die Wellen waren zu hoch, die Rollbewegungen des Schiffs zu heftig. Es legte sich zeitweise mit 100 Grad auf die Seite. Es war aussichtslos. Vom Vorschiff kämpften sich die Männer wieder zur Brücke. Mein Bruder machte sich als Letzter auf den Weg. Dabei wurde er von einer großen Welle mitgerissen. Das Lichtsignal seiner Rettungsweste war kurz zu sehen, dann verschwand er in der See.

Nach einiger Zeit waren deutsche und niederländische Seenotkreuzer vor Ort. Der Besatzung des Kreuzers *Otto Schülke* gelang es, eine Leinenverbindung herzustellen, sie schleppte die *Alfried Krupp* nach Eemshaven in den Niederlanden. Auf der Nordsee versuchten Seenotretter und Einheiten von Marine, Zoll und Bundesgrenzschutz, meinen Bruder und Theo Fischer zu finden. Auch die Fischer unseres Heimatortes Neuharlingersiel liefen mit ihren Kuttern aus, um zu suchen.

Am Abend des 4. Januar stellte man die Suche ein. Es gab keine Hoffnung mehr.

Ich wusste schon in der Nacht des Unglücks, dass Bernhard verloren war, nach dem Anruf der Seenotleitung, gegen drei Uhr morgens. Ich fühlte mich wie betäubt. Mit dem Rad bin ich zu meiner Schwägerin gefahren, das war so unheimlich schwer, das tat so weh, ihr die Nachricht zu überbringen. Mein Vater, damals 80, wollte es nicht glauben. Dann habe ich meine Geschwister informiert. Ich bin der Älteste von acht, einer musste es machen. Tagelang war ich hinterher auf null.

Natürlich denke ich manchmal an meinen Bruder, wenn ich in einem Sturm auslaufe. Aber Angst? Angst habe ich nicht. Wer Angst hat, der darf nicht rausfahren.

Ich habe zwei Sätze geprägt, die zu einer Art Leitspruch der Gesellschaft wurden: Wir können das. Wir machen das.

Wolfgang Gruben, Jahrgang 1940, kam in Neuharlingersiel auf die Welt. Wie viele Männer im Ort und in seiner Familie wurde er Fischer und fuhr auf Trawlern hinauf bis zu den Shetland-Inseln und nach Norwegen. 1963 machte er sein Kapitänspatent, heuerte bei der Spiekeroog-Reederei an und arbeitet seit 1969 ehrenamtlich für die Seenotretter, seit 1998 ist er Vormann. Für seine Verdienste erhielt er das Bundesverdienstkreuz am Bande. »Wer die stürmische See kennt, weiß, wie viel Mut und Können nötig sind, um im Notfall Menschen zu retten«, hieß es in der Laudatio. »Wer sich da rauswagt, setzt sein eigenes Leben aufs Spiel, um anderen zu helfen. Dem gebührt allerhöchste Anerkennung. Und kaum jemand weiß, dass das zum Großteil ehrenamtlich läuft.« Wolfgang Gruben lebt in seinem Heimatort.

+++

1997 benannte die DGzRS zwei Seenotkreuzer zu Ehren der verunglückten Retter. Am Hafen von Neuharlingersiel haben die Freunde Bernhard Grubens eine Holzbank aufgestellt. Die Widmung lautet: »Einer kam nicht zurück.«

SAR

+++ Seenotrettungskreuzer »Hermann Helms« +++
Fischkutter in der Deutschen Bucht vermisst +++
9. November 2006 +++

NORDERGRÜNDE

Ein erfahrener Seenotretter weiß, dass akribische Vorbereitung ebenso wichtig ist wie der Respekt vor der See. Doch als der Kutter »Hoheweg« im Sturm kentert, muss Michael Moritz wieder einmal erfahren, dass auch beides zusammen manchmal nichts ausrichten kann gegen die Gewalt der Nordsee.

Irgendwann, nach einer halben Nacht auf den Wellen, die Hände steif gefroren, der Körper festgeleint am Laufdraht und die Augen halb blind vom Sturm, schießt es mir durch den Kopf: Für einen Matrosen ohne Schutzanzug, der dort zwischen den Brechern treibt, müsste es jetzt schon vorbei sein. Was tun wir hier? Wir können niemanden mehr retten. Wir suchen nach Toten.

Es ist Donnerstagmorgen, der 9. November 2006, und dies ist einer der traurigsten Einsätze meines Lebens.

Der Mittwoch auf der Station in Cuxhaven beginnt mild, mit bedecktem Himmel und leichtem Südwestwind. Wir halten unseren Kreuzer *Hermann Helms* sauber, spleißen Taue, schreiben Dienstpläne. Ich kümmere mich unter Deck um das Herzstück des Schiffs, drei Maschinen, zusammen 3200 PS stark. Wer mich bei der Arbeit sieht, könnte denken, mir sei langweilig: Ich peile mehrmals täglich den Ölstand, schaue in die Bilge, entferne pedantisch jeden Fleck. Ich achte aufs kleinste Detail, denn die Technik hier unten muss im Einsatz reibungslos funktionieren. Unsere Aufgabe ist es, anderen zu helfen. Wie sollen wir das tun, wenn die eigene Maschine Ärger macht? Also schaue ich auch unter den Getrieben nach: Alles trocken? Kein Fleckchen? Damit ich, wenn mal etwas ausläuft, gleich die undichte Stelle finde.

Während der Tag mit Routineaufgaben vergeht, frischt das Wetter merklich auf. Abends dreht der Wind auf West und fegt mit sechs bis sieben Beaufort über die Nordsee.

Um 21 Uhr erreicht uns ein Funkspruch der Seenotleitung der DGzRS in Bremen: Der Fischkutter *Hoheweg* wird vermisst. Er verschwand vom Radar der Verkehrszentrale, wurde mehrmals vergeblich angerufen. Keine Minute später hat die Seenotleitung das Signal einer Notfunkbake empfangen. Hat sie sich nur vom Kutter gelöst? Keiner weiß, ob das Schiff in Seenot geraten ist, ob sich die Mannschaft noch an Bord befindet oder es bloß ein technisches Problem gibt. Doch fürs Rätseln bleibt keine Zeit, sofort leiten wir den Einsatz ein. Innerhalb von Minuten nehmen wir Kurs aufs offene Meer. Auch die Kreuzer in Büsum, Hooksiel, Bremerhaven, Norderney und Helgoland laufen aus – eine der größten Suchaktionen seit Jahren beginnt.

In der Deutschen Bucht nimmt der Seegang rasch zu, bald wird das Deck der *Hermann Helms* von schweren Brechern überspült. Wir drehen nach West-Nordwest und folgen den Koordinaten der Notfunkboje. Sie befindet sich im Bereich der Nordergründe, zwischen Wilhelmshaven und Helgoland: ein Seegebiet mit vielen Sandbänken, in dem sich flache und tiefe Stellen abwechseln. Bei Sturm türmt sich das Wasser hier zu sehr hohen Wellen auf, die ein Schiff in große Schwierigkeiten bringen können. Nördlich verläuft der Seeschifffahrtsweg. Was dort jetzt steuerlos in den Wellen schwimmt, wird unaufhaltsam auf die gefährlichen Nordergründe getrieben.

Fast eineinhalb Stunden dauert die Fahrt. Als wir das Suchgebiet erreichen, geht ein Stoß durch das Schiff: Wir sind mit dem Rumpf auf Grund gesetzt. Doch wir haben Glück, der Kreuzer läuft weiter, als wäre nichts geschehen.

Plötzlich riechen wir Treibstoff. Von unserem Schiff kommt der Geruch nicht. Unser Seenotrettungskreuzer läuft durch eine riesige Kraftstofflache. Dann tauchen etliche Fischkisten auf, die im Wasser treiben. Jetzt wissen wir: Hier ist etwas sehr Schlimmes passiert. Wenig später blinkt zwischen den Wogen ein weißes Licht – die Notfunkbake, die sich vom Kutter gelöst hat. Vormann Jörg Bünting geht auf Gegenkurs, wir greifen uns einen Kescher und versuchen, sie an Bord zu holen.

Was bei schönem Wetter ein Kinderspiel wäre, kommt hier einer olympischen Leistung gleich, denn das Gerät ist nicht größer als eine Kaffeekanne, und jede Bewegung an Deck erfordert Umsicht. Nur unser Gurtgeschirr, mit dem wir uns am Laufdraht einklinken, bewahrt uns vor dem Äußersten. Mit drei Mann gelingt es uns schließlich, die Boje einzufangen. Doch sie bringt uns keine Neuigkeiten. Sie hilft nicht gegen den schrecklichen Verdacht, dass die *Hoheweg* schon auf Grund liegt.

Nun folgen schwere Stunden. Wir fahren das Gebiet mit mathematischer Präzision ab, halten Ausschau nach Überlebenden, starren ins Nichts. Ich stehe mit Jörg Bünting oben im Fahrstand: Bei schwerem Wetter bleiben wir an Bord zu zweit, so oft es geht. Trocken halten uns nur unsere Überlebensanzüge, aus denen einzig Hände und Gesicht rausschauen. Sechs Kreuzer und drei Hubschrauber sind im Einsatz. Die Seenotleitung versucht weiter vergeblich, Kontakt zur Mannschaft aufzunehmen. Doch die *Hoheweg* bleibt stumm.

In dieser Nacht krachen immer wieder grüne Wellen übers Vorschiff, also nicht das mit Luft durchsetzte Gischtweiß der Brecher, sondern die ungebrochene Wucht der Wogen. Die Wellen überragen zum Teil sogar den sieben Meter hohen Fahrstand der *Hermann Helms*. Für Hunger oder Müdigkeit haben wir jetzt keine Zeit.

Trotzdem kreisen in der Dunkelheit Fragen in meinem Kopf. Das Verschwinden vom Radar, der Kraftstoff, die Fischkisten – alles deutet auf einen schnellen Untergang hin. Konnten die Männer ihren Überlebensanzug anlegen? War wenigstens Zeit, eine Rettungsweste zu greifen? Das Wasser hat eine Temperatur von sieben Grad. In normaler Kleidung hält es darin niemand lange aus.

Am Vormittag des zweiten Tages, nach 30 Stunden auf den Beinen, lassen wir den Anker fallen und legen eine kurze Pause ein. Wir schmieren Stullen, schlucken ein, zwei Bissen. Tee kochen können wir nicht, weil das Schiff noch immer heftige Bewegungen macht, obwohl der Sturm schon abflaut. Drei Stunden ruhen wir, ohne Schlaf zu finden, dann geht es weiter.

Eine stumme, bohrende Gewissheit macht sich breit: Überlebende werden wir nicht mehr finden. Sicher, es gibt fantastische Fälle, in denen Schiffbrüchige nach Tagen im Wasser gefunden und reanimiert wurden. Das Leben birgt Überraschungen, und deshalb ist es unsere Pflicht, so lange wie möglich die Augen aufs Wasser zu richten.

Doch dieses Mal haben wir keinen Erfolg. Am dritten Tag drehen wir nach Osten ab und fahren nach Cuxhaven zurück. An Bord wird kaum ein Wort gesprochen. Wir alle sind schon seit Jahren dabei, haben Situationen wie diese erlebt, wir wissen, was in den anderen vor sich geht. Wir legen an unserer Station neben dem Fährhafen an und machen das Schiff klar, das unter dem Sturm fast so sehr gelitten hat wie wir.

Ich weiß, dass wir alles getan haben, was möglich war. Als die Spannung von mir abfällt, spüre ich nicht viel, nur Leere und Erschöpfung. Und irgendwann finden wir auch Schlaf.

Wie die Geschichte weitergeht, berichten später Zeitungen im ganzen Land: Ein Spezialschiff des Wasser- und Schifffahrtsamtes sucht mit

Sonar die Nordergründe ab, und genau eine Woche nach dem Unglück taucht auf dem Bildschirm der Experten die Silhouette eines Schiffes auf: Die *Hoheweg* ist gefunden, 16 Seemeilen südlich von Helgoland liegt sie in rund sieben Metern Tiefe seitlich auf dem Grund. Sturm und Strömung behindern die Bergungsarbeiten, erst im folgenden Sommer wird das Wrack mithilfe eines gigantischen Schwimmkrans gehoben.

Das Hin und Her der Gezeitenströme hat Sand und Schlick in den Schiffskörper gespült, der Maschinenraum liegt unter einer zwei Meter dicken Schlammschicht. Experten reinigen den Kutter, durchkämmen jeden Winkel, suchen nach Hinweisen auf eine Explosion, einen Motorschaden. Die Erklärung, die sie schließlich für das Unglück finden, ist fast zu harmlos angesichts der Katastrophe: Knapp drei Jahre vor der Sturmnacht wurde auf dem Achterdeck der *Hoheweg* eine neun Tonnen schwere Netzwinde montiert, was die gesamte Statik des Schiffs veränderte: Der Gewichtsschwerpunkt wanderte weiter nach oben. Im Normalbetrieb fiel diese Veränderung erst mal nicht weiter auf.

Doch dann ging in den Nordergründen ein Wasserschlauch über Bord, verstopfte den Kühlwassereinlass und setzte so den Motor außer Kraft. Der Kutter war plötzlich dem Sturm ausgeliefert, geriet quer zu den Wellen und begann, schwer zu rollen. In weniger als zwei Minuten muss er gekentert sein. Die vier Männer an Bord, die in der Ostsee auf Fischfang gehen wollten, hatten nicht einmal Zeit, einen Notruf abzusetzen. Drei von ihnen gibt das Meer Monate später frei, über 100 Kilometer von der Unglücksstelle entfernt. Der Kapitän ist bis heute verschollen.

Michael Moritz, Jahrgang 1966, machte eine Lehre zum Elektroinstallateur und arbeitete ein Jahr lang als Geselle, bevor er zur Bundesmarine ging. Acht Jahre diente er in Wilhelmshaven und erwarb in dieser Zeit sein technisches Patent und seinen Meisterbrief. Nach einem Jahr als Maschinist auf einem Tonnenleger trat er im Februar 1997 in die DGzRS ein.

SAR
SAR

+++ Seenotrettungskreuzer »Hannes Glogner«, Station Langeoog +++
Einsatz auf 53°42' N, 7°13' O, zwischen Langeoog und Borkum +++
Juni 1991 +++

BLACKOUT

Stürme, Havarien und Menschenschinder hat Uwe Teloy auf den Meeren der Welt gesehen. Der Maschinist des Seenotrettungskreuzers »Hannes Glogner« glaubt, sein Schiff gut zu kennen. Doch als bei Windstärke zehn auf der Nordsee die Maschine ausfällt, muss er ein Problem lösen, auf das ihn niemand vorbereiten konnte.

Plötzlich gehen die Lichter aus, dann wird das Schiff stumm. Ich weiß genau, jetzt haben wir ein Problem. Alle an Bord denken so, obwohl keiner etwas sagt. Wir sind damit beschäftigt, uns auf den Beinen zu halten, denn die *Hannes Glogner* befindet sich mitten in einem schweren Sturm. Der Seenotrettungskreuzer treibt manövrierunfähig in den Wellen.

Blackout.

Gleich darauf fallen die Maschinen aus. Nach einigen Momenten totaler Dunkelheit springt die Notstromanlage an. Unsere letzte Hoffnung leuchtet mit 24 Volt. Hier und da glimmen ein paar schwache Funzeln auf, man kann Umrisse erkennen und das wilde Schlingern des Schiffs einschätzen. Doch niemand kann sagen, was den Blackout verursacht haben könnte, den Albtraum jedes Maschinisten. Ich muss so schnell es geht in die Maschine.

Bei zehn Windstärken wird es selbst auf dem größten Frachter ungemütlich. Ein Seenotrettungskreuzer aber ist nicht einmal 30 Meter lang;

ohne Antrieb wird er zum Spielball der Wellen. Immer wieder schleudert der Seegang mich ein paar Handbreit in die Luft, bei jedem Schritt muss ich neuen Halt suchen. Beim Öffnen schwenkt die dicke Stahltür zum Maschinenraum wie eine Keule hin und her; unmöglich, sie festzuhalten. Also warte ich, bis sich der Kreuzer auf die Backbordseite legt und die Tür aufspringt. Ich mache einen Satz hindurch, und bevor ich einen Schlag in den Nacken kriege, bin ich im Maschinenraum.

Auf See habe ich gelernt, Gefahren einzuschätzen. Gefährlich sind Mannschaften, bei denen die Seemannschaft nicht funktioniert, die nicht zusammenhalten, die ihr Schiff nicht in Schuss halten. Ein Seenotretter aber darf sich nichts verzeihen, von allen Booten muss seines das letzte sein, das noch schwimmt. Bis jetzt habe ich mich auf unserem Kreuzer nie gefürchtet, doch dieser Tag ruft meine schlimmsten Erinnerungen wach.

Schon der erste Frachter, den ich betrat, die *Tevega,* war das, was manche einen Seelenverkäufer nennen. Ein kleines, rostiges Schiff, auf dem es nach Ratten stank und mir nachts die Kakerlaken übers Gesicht krabbelten. Bei schwerer See lagen wir in der Biskaya, als nachts die Hauptkühlleitung platzte und der Maschinenraum so schnell volllief, dass die alten Pumpen ihren Dienst versagten. Alles, was wir hatten, wurde um das Leck gebunden – am Ende kam jemand auf die Idee, die Saugleitung von der Toilettenspülung in die Bilge zu legen, um Wasser rauszupumpen, und die ganze Mannschaft bildete eine Eimerkette und schöpfte, was das Zeug hielt. So haben wir das Boot tatsächlich in den nächsten Hafen gekriegt.

Niemand landet ganz freiwillig auf so einem Schiff. Ich hatte keinerlei Erfahrung auf See und war »schanghait« worden – also halb gelockt und halb gezwungen von einer zwielichtigen Reederei. Auf solche Neulinge warteten die widerlichsten Aufgaben. So musste ich auf der *Tevega* den Schornsteinschacht waschen, Handschuhe gab es nicht, und das einzige Reinigungsmittel an Bord pellte uns die Haut von den Knochen. Heute ist das Zeug schon lange verboten.

Ich beschwerte mich beim Chief, einem stämmigen, hochgewachsenen Burschen, der mir anfangs wie ein feiner Kerl vorkam. Seine Antwort verschlug mir den Atem: »Wir segeln hier unter zypriotischer Flagge, bei uns gibt es für Arbeitsverweigerung 20 Stockhiebe. Und jetzt gehst du besser wieder in den Schornstein und wäschst Farbe.« Ich dachte zunächst, er wolle mir einen Schreck einjagen, doch es war ihm ernst. Auf der Rückfahrt, im Hafen von Rotterdam, habe ich dann die Flucht ergriffen, den Seesack auf dem Rücken. Die *Tevega* aber ist bei ihrer nächsten Reise im Atlantik gesunken.

Die *Hannes Glogner,* in deren Bauch ich mich nun an Rohren und Instrumenten entlangtaste, ist erst vier Monate alt und der Stolz der Gesellschaft. Vier Mann Besatzung arbeiten an Bord, schrubben täglich das Deck, warten die Technik und kontrollieren regelmäßig und penibel unsere Ausrüstung. Der Maschinenraum, mein Revier, blitzt wie eine Küchenspüle, weder Rost noch Dreck werden sich hier breitmachen können. Dieses Schiff soll Leben retten, deshalb halten wir es in tadellosem Zustand.

Aber warum stehen jetzt die Maschinen still?

Ich mache mich an die Arbeit, zwei kleine Lampen werfen spärliches Licht in den Raum. Jedes Mal, wenn eine schwere See den Kreuzer auf die Seite wirft, muss ich mich dagegenstemmen. Lege ich den Schraubenschlüssel in eine Ecke, liegt er nach einer Sekunde ganz woanders. Diese Arbeit kann nur jemand ertragen, der nach der Zehnerkarte auf der Achterbahn noch Lust auf eine elfte Runde verspürt.

Ich suche fieberhaft nach der Ursache für den Maschinenausfall. Schließlich stelle ich fest, dass die Motoren keinen Treibstoff kriegen. Der Fehler muss zwischen der Förderpumpe und dem Tank liegen. Siehe da: Als ich ihn aufschraube, ist alles verstopft mit einem schwarzen Schleim, der Maschine und Stromaggregat blockiert.

Wir haben Bakterien im Tank. Das Problem ist ziemlich neu in der Seefahrt; mittlerweile weiß man, dass die Mikroben schon im Rohöl sitzen und sich bei Wärme bestens vermehren. Der Zusatz von Biodiesel, wie er seit ein paar Jahren vorgeschrieben ist, schmeckt ihnen noch einmal besonders gut. Die abgestorbenen Partikel werden zu einer zähflüssigen Masse, die sich um die Filter wickelt und alles verstopft.

Aber das weiß ich zu diesem Zeitpunkt noch nicht. Ich sehe nur, dass die Maschine tot ist und wir manövrierunfähig in der Nordsee treiben.

Wie ein Schiff untergeht, habe ich schon als junger Maschinist bei der Handelsmarine erlebt. Im Jahr 1975 schob ich Nachtwache auf einem Frachter mit dem Namen *Inalotte Blumenthal,* es ging von Neuseeland nach Australien. Wir kämpften uns bereits durch schwere See, als gegen drei Uhr morgens die Brücke nach unten meldete: »Alles, was geht! Hol alles raus!«

Der Funker hatte den Notruf eines Schiffes erhalten, der mit einem Wassereinbruch kämpfte. Er lag 70 Meilen entfernt, und wir durften keine Minute verlieren, zumal aus dem Sturm langsam ein Orkan wurde. Bei solchem Wetter können Anker von der Kette reißen und sich Stahlplatten aufrollen wie Büchsendeckel.

Schwere Brecher gingen über unser Deck, als wir den Havaristen endlich fanden. Es war die Jacht eines australischen Milliardärs, ziemlich geräumig für damalige Verhältnisse. Wie sich später herausstellte, war er schon Stunden zuvor mit seiner Familie und einem Teil der Besatzung per Hubschrauber an Land abgesetzt worden, während der Rest der Mannschaft versuchte, das Schiff zu retten.

Uns bot sich ein beklemmender Anblick. Die Jacht verschwand bereits in der kochenden See, die unglückliche Crew drängte sich auf dem Vorschiff, das nur so eben noch aus dem Wasser ragte. Weil die See zu rau war, konnten wir nicht ohne Weiteres längsseits gehen, also versahen wir einen unserer Ladebäume mit einem Netz und schwenkten ihn seitlich aus. Dann begann der alte Steuermann, die *Inalotte* vor- und zurückzusetzen, als würde er ein Auto einparken.

Irgendwie hat er sie so nah an den Havaristen bekommen, dass die Mannschaft sich ans Netz klammern konnte. Durch den heftig peitschenden Regen hievten wir sie zu uns. Die Deckstrahler tauchten alles in unheimliches Licht, und kurz darauf konnte man sehen, wie die Luxusjacht im aufgewühlten Meer verschwand.

Die Geretteten standen zwischen Jubel und verzweifelter Erschöpfung, immer wieder fielen sie uns um den Hals und schworen Freundschaft auf Lebenszeit. In Australien galten wir seitdem als Helden, in jedem Hafen, den wir dort ansteuerten, warteten Reporter und Kamerateams auf uns, und wir kriegten in jeder Kneipe Freibier.

Heute aber möchte ich kein Held sein. Ich wäre schon zufrieden, wenn wir unser Schiff wieder flottbekommen würden. Unsere Kräfte gehen langsam zur Neige, in der Mannschaft kommt Unruhe auf. Aber jeder weiß: Es gibt nichts Schlimmeres, als den Kopf zu verlieren. Also reißt man sich zusammen, nimmt die blauen Flecken in Kauf und sucht nach einer Lösung. Und die findet sich dann auch. Der Schleim hat nämlich noch nicht den ganzen Tank erfasst, und so kann ich einen Schlauch vom noch flüssigen Diesel legen, erst zum Aggregat, dann zu einer der Maschinen. Es dauert mehrere Stunden, in denen wir durchgeschüttelt werden wie in einer großen Waschmaschine, aber schließlich klappt es. Das Geräusch der Maschine, die endlich wieder anläuft, werde ich nicht vergessen.

Den Sturm überstehen wir, wie ein Seemann es eben tut.

Uwe Teloy, Jahrgang 1955, wechselte nach einem Jahrzehnt auf dem Seenotrettungskreuzer in die Werft der Seenotretter nach Bremen. Hier werden die Schiffe von den meisten der 54 Stationen regelmäßig überholt. Uwe Teloy hat in der DGzRS-Flotte den Ruf, jede Maschine wieder zum Laufen zu bekommen. Er lebt mit seiner Frau und seinen Kindern in Bremen.

TOLKIEN

+++ Seenotrettungskreuzer »Hermann Helms« und »John T. Essberger« +++ Feuer auf dem Küstenmotorschiff »Swantje« +++ 1. August 1995 +++

FEUERSCHIFF

Wolfgang Küttner ist die Strecke zigmal gefahren: raus aus dem Nord-Ostsee-Kanal, dann elbabwärts an Cuxhaven vorbei auf die Nordsee. Doch auf dieser Reise quillt plötzlich schwarzer Rauch aus dem Maschinenraum seiner »Swantje«. Bald weiß er: Sein Schiff ist nicht zu retten. Er ruft die Seenotretter.

Ich bleibe gefasst, als ich den schwarzen Rauch sehe, der aus den Lüftungsschächten hinter mir quillt. Ich bin nicht erschüttert, als mein Bootsmann meldet, dass unsere Maschine brennt. Doch als auch auf der Brücke die Hitze unerträglich wird und uns keine Luft zum Atmen bleibt, weiß ich, dass ich mein Schiff, die *Swantje,* verlassen muss. Wir setzen einen Notruf ab und klettern aufs Vordeck, um auf unsere Rettung zu warten. Nur wenige Minuten sind vergangen, und schon steht der hohe, hölzerne Schiffsaufbau in Flammen; die Feuersäule muss meilenweit zu sehen sein.

Wir waren auf dem Weg von Dänemark nach Oldenburg, mein altes Küstenmotorschiff misst 50 Meter und ist randvoll mit Weizen beladen. Ich bin Kleinstreeder, wie es nur noch wenige gibt, der wachsende Containerverkehr macht uns zu schaffen. Als Bootsmann habe ich vor Kurzem einen arbeitslosen Realschullehrer angeheuert. Einen Hobbysegler, nicht gemustert und ohne Seefahrtsbuch – richtig lieb war mir die

Sache nicht. Aber er suchte so dringend Arbeit, da habe ich ein Auge zugedrückt. Meine Hunde Max und Mr. Bains reisen auch mit, es ist der 1. August 1995.

Bei Brunsbüttel steuern wir aus dem Nord-Ostsee-Kanal auf die Elbe hinaus. Wir lassen uns mit dem ablaufenden Wasser in Richtung Nordsee tragen, um dann draußen die nächste Flut zu erwischen und in die Weser einzufahren. Es ist eine Reise von zwei Tagen, die ich unzählige Male gefahren bin. Man muss wissen, dass ich als Offiziersanwärter auf der *Gorch Fock* gedient und in einem Marinetender die Welt umrundet habe. Nicht im Traum hätte ich erwartet, dass ich ausgerechnet vor der Elbmündung meine schwerste Stunde erleben muss.

Gegen neun Uhr passieren wir Cuxhaven, die Sonne meint es gut mit uns. Doch auf der Nordsee bläst der Nordwestwind mit sieben Beaufort gegen die Strömung, sodass ab und zu stattliche Wellen überkommen. Ich zünde mir gerade eine Zigarette an, als ich Verbranntes rieche. »Vielleicht ein kleiner Kabelbrand«, denke ich und bitte meinen Bootsmann, einen freundlichen, etwas verschüchterten Kerl, unten nachzusehen. Seine Nachricht, dass der Maschinenraum in Flammen steht, ist für mich kein Anlass, die Nerven zu verlieren. Wir fahren unter deutscher Flagge, deshalb gelten strenge Regeln an Bord: In jeder Ecke hängt ein Feuerlöscher.

»Du gehst da jetzt wieder runter«, sage ich zum Bootsmann, »und löschst das.«

Ich bleibe auf Kurs und stelle fest, dass der Qualm eher zu- als abnimmt. Nach einigen Minuten erscheint mein Bootsmann wieder, in seinem Gesicht lese ich wachsende Panik ab. »Brand lässt sich nicht löschen, Kapitän«, gibt er von sich, und tatsächlich ist es mittlerweile mollig warm auf der Brücke. Im Maschinenraum schmilzt gerade der Motor zu einem kompakten Klumpen zusammen, Stahl verflüssigt sich bei rund 1200 Grad, es ist also gut, dass niemand mehr dort unten ist.

Die *Swantje* trägt den Namen meiner Tochter, sie ist seit fünf Jahren mein Zuhause, mein Lebensmittelpunkt. Ich spüre wenig Neigung, sie im Stich zu lassen, aber diese Lage erfordert eine schnelle Entscheidung. Ich setze einen Notruf ab. »Lange kann ich nicht mehr hier oben bleiben«, füge ich noch hinzu und gebe dem Bootsmann zu verstehen, dass wir die holzgezimmerte Brücke nun besser räumen sollten.

Aus dem Treppenhaus schlagen uns schon hohe Flammen entgegen. Also nehmen wir die Überlebensanzüge und hangeln uns mit den Hunden über die Brückennock, die schmale Brüstung vor dem Fahrstand. Die armen Tiere erkennen die Gefahr, verstehen aber nicht, warum sie plötzlich Kletterunterricht bekommen. Im letzten Moment greife ich vom Kartentisch noch ein paar Zigaretten und meine alte Kamera, dann wird es endgültig zu heiß.

Auf dem Hauptdeck machen wir erst mal halt und sehen uns um. Der Himmel ist blau, das Deck feucht vom hohen Seegang. Mittlerweile steht das gesamte Heck in Flammen – sehr viel länger hätten wir auf der Brücke nicht überlebt. Das Schiff fährt noch, ich habe die Automatik eingestellt, bin aber vorher vom Ufer weg ins freie Wasser gesteuert, Richtung Helgoland. Da sitzen wir nun, auf einer schwimmenden Fackel, und fahren ins Nichts hinaus!

Bis zu diesem Tag ist mein Leben auf See ruhig verlaufen, und das sage ich mit Stolz. Ich erinnere mich nur an kleine Zwischenfälle, wie während des EM-Finales 1992. An jenem Abend wurde die *Swantje* im Hamburger Hafen beladen, und der Kranfahrer hörte im Radio, wie Dänemark das erste Tor gegen Deutschland schoss. Vor Schreck ließ er den Hebel fallen, und die Ladung krachte aufs Schiff. Der Schaden betrug 20 000 Mark.

Im selben Jahr brach im Großen Belt bei Fehmarn eine Einspritzpumpe, und ich musste trotz der starken Strömung ankern und SOS funken. Bald tauchte die *John T. Essberger* auf, einer der größten Rettungskreuzer überhaupt, und hat uns nach Rødbyhavn geschleppt. So habe ich auch die Seenotretter mal kennengelernt. Aber ich kann mich wirklich nicht daran erinnern, dass ich zum Abschied »Auf Wiedersehen« gesagt habe.

Das Feuer findet gute Nahrung auf meinem Schiff. Irgendwann fallen hinter uns brennende Balken von der Brücke, und wir kämpfen uns über die

Luken zum Bug vor. Da fühlen wir uns einigermaßen sicher, ziehen die Überlebensanzüge an und warten. Das Erste, was wir hören, ist das Knattern eines Hubschraubers. Es sind aber nur die Leute vom Fernsehen, die spektakuläre Luftaufnahmen von dem schwimmenden Inferno machen.

Dann nähert sich ein holländisches Küstenmotorschiff. Der Realschullehrer, die ganze Zeit über in heller Aufregung, nutzt die Chance und rettet sich mit einem Satz auf das Gefährt, das neben uns auf und nieder stampft. Ich will nicht mitkommen. Schließlich habe ich meine Hunde dabei, und ein Kunstturner bin ich schon gar nicht.

Bald darauf erscheint die Gesellschaft zur Rettung Schiffbrüchiger. Zuerst trifft der Kreuzer *Hermann Helms* von Cuxhaven ein, und kurz darauf kommt auch die *Wilhelm Kaisen,* ein Schwesterschiff der *John T. Essberger,* das auf Helgoland stationiert ist. Beide nehmen uns in die Zange und beginnen, den Brand mit ihren Löschkanonen zu bekämpfen.

Das Tochterboot der *Hermann Helms* geht längsseits, ich reiche meine Hunde herunter und steige hinterher. Auf dem Kreuzer empfängt mich der Vormann, Jörg Bünting, ein Mann mit echt friesischem Humor. Seine ersten Worte sind: »Also Hunde wollen wir hier nicht an Bord!«

Mittlerweile ist es um meine arme *Swantje* ziemlich voll geworden. Schiffe von der Feuerwehr und vom Wasserschutz rücken an. Weil das Feuer tief im Inneren wütet, kann all das Löschwasser jedoch nichts ausrichten. Und so schleppt man das Schiff nach Cuxhaven, während es eine stattliche Rauchfahne hinter sich herzieht. Mit meiner Kamera mache ich ein paar Bilder davon. Traurige Erinnerungen.

Mein Schiff brennt, als es in den Hafen einläuft, und es brennt auch noch am nächsten Tag. Alle Löschversuche sind vergebens, es kokelt einfach so vor sich hin. Die Maschine verglüht, der Holzaufbau wird zu Asche. Die Kojen, der Salon und die Küche, all die Räume, in denen ich 360 Tage im Jahr gelebt habe, lösen sich in Ruß auf. Am meisten schmerzt mich der Verlust meiner Bibliothek – Unmengen antiquarischer Seehandbücher werden ein Raub der Flammen. Und was die

Ein Bild von einem Schiff: die »Swantje«.

nicht erwischen, das wird durch Schaum und Löschwasser zu einem schwarzen Brei.

Es ist ein komisches Gefühl, fast gar nichts mehr zu haben. Am deutlichsten wird es aber, wenn man bei den Behörden Anträge für neue Papiere stellt. Da stürzt sich weiß Gott niemand drauf! Aber zum Glück erscheint noch am Unglückstag ein Makler, mit dem ich einst Geschäfte gemacht habe, und hilft mir mit dem Nötigsten aus.

Warum der Motor gebrannt hat, ist bis heute nicht geklärt. Die Staatsanwaltschaft ist der Ansicht, dass die Kraftstoffleitungen gebrochen sind – dabei wurden die zwei Tage vor dem Unglück komplett erneuert. Ich habe eher die Kabel im Verdacht, aber was ändert das schon? Ohne Maschine und Elektronik ist ein Schiff nicht viel wert.

Deshalb hat es keinen Sinn, die *Swantje* wieder herzurichten. Noch in Cuxhaven lasse ich sie verschrotten. Ein neues Schiff zu kaufen, lohnt sich nicht mehr – die Welt hat sich gewandelt. Heute kenne ich nur noch zwei oder drei Kapitäne, die mit ihrem eigenen Schiff fahren, und die sind auch nicht mehr die Jüngsten. Also bleibe ich seit diesem Augusttag meist an Land und helfe nur hier und da als Lotse aus.

Die Erinnerungen an meine Zeit auf See bewahre ich heute in einem Fotoalbum auf. Darin klebt eine Aufnahme von der ausgebrannten *Swantje,* wie sie in Cuxhaven liegt. Darunter steht: »Das Ende«.

Wolfgang Küttner, Jahrgang 1945, wuchs in Schleswig-Holstein auf. 1965 ging er zur Bundesmarine und beendete seinen Dienst nach vier Jahren als Leutnant zur See. Nach einigen Jahren als Matrose in der Handelsschifffahrt wurde er Leiter einer Navigationsschule am Mittelmeer. Schließlich erwarb er ein nautisches und ein schiffstechnisches Patent. 1985 kaufte er das Küstenmotorschiff »Norderelbe«, später folgte die »Swantje«.

Das Ende

Max Grubbke sen.
Büsum
Vormann 1937 - 1950
Peter Carstensen
Vormann 1940 - 1959
Station Hörnum
Ludwig Hansen
List / Sylt
Vormann 1940 - 1960
Karl Steffens
Neuharlingersiel / Wilhelmshaven
Vormann 1940 - 1962
Hillrich Kuper
Langeoog
Vormann 1940 - 1973
Volkert Quedens
Amrum
Vormann 1944 - 1954
Willi Wald sen.
Maasholm
Vormann 1945 - 1970
Wilhelm Eilers
Borkum
Vormann 1945 - 1976
Johann Eberhardt sen.
Laboe
Vormann 1946 - 1971
Johann Stuhr
Westaccumersiel
Vormann 1947 - 1960
Rolf Hoffmann
Cuxhaven
Vormann 1949 - 1981
Paul Denker
Helgoland
Vormann 1950 - 1967
Max Grubbke jun.
Büsum
Vormann 1950 - 1976
Wilhelm Plump
Bremerhaven
Vormann 1951 - 1973
Ludwig Schwenn
Burgstaaken
Vormann 1957 - 1974
Artur Steffens
Wilhelmshaven
Vormann 1958 - 1987
Jürgen Matthiesen
Amrum
Vormann 1959 - 1973
Johann Fr. Raß jun.
Norderney
Vormann 1959 - 1987
Hellmuth Kirst
Prerow
Vormann 1961 - 1998
Heinrich Steffens
Neuharlingersiel
Vormann 1963 - 1987
Ulrich Steffens
Bremerhaven
Vormann 1965 - 1984
Karl-Heinz Schulz
Maasholm
Vormann 1965 - 1991
Dieter Jendrejewski
Zinnowitz
Vormann 1965 - 1993
Walter Nickel
Travemünde
Vormann 1968 - 1982
Willi Paulsen
Nordstrand
Vormann 1969 - 1998
Willi Wald jun.
Maasholm
Vormann 1970 - 2006
Johann Eberhardt jun.
Laboe
Vormann 1971 - 1988
Reiner Gickers
Baltrum
Vormann 1972 - 2001
Hermann Splieth
Schilksee
Vormann 1972 - 2002
Walter Kruse
Laboe
Vormann 1972 - 2006
Heinrich Leiß
Langeoog
Vormann 1973 - 1989
Bernhard Stuhr
Langeoog
Vormann 1974 - 1991
Hermann Claußen
Büsum
Vormann 1975 - 1991
Peter Langhinrichs
Langballigau
Vormann 1975 - 1991
Jann Peter Hansen
List
Vormann 1975 - 1997
Wolfgang Räker
Station Warnemünde
Vormann 1975 - 2000

vorherige Seite:
Heldengalerie: Eine Wand in der Bremer Zentrale gehört den Porträts aller Vormänner der Gesellschaft.

Alte Schule: Schnappschuss aus dem Album einer Seenotretterfamilie.

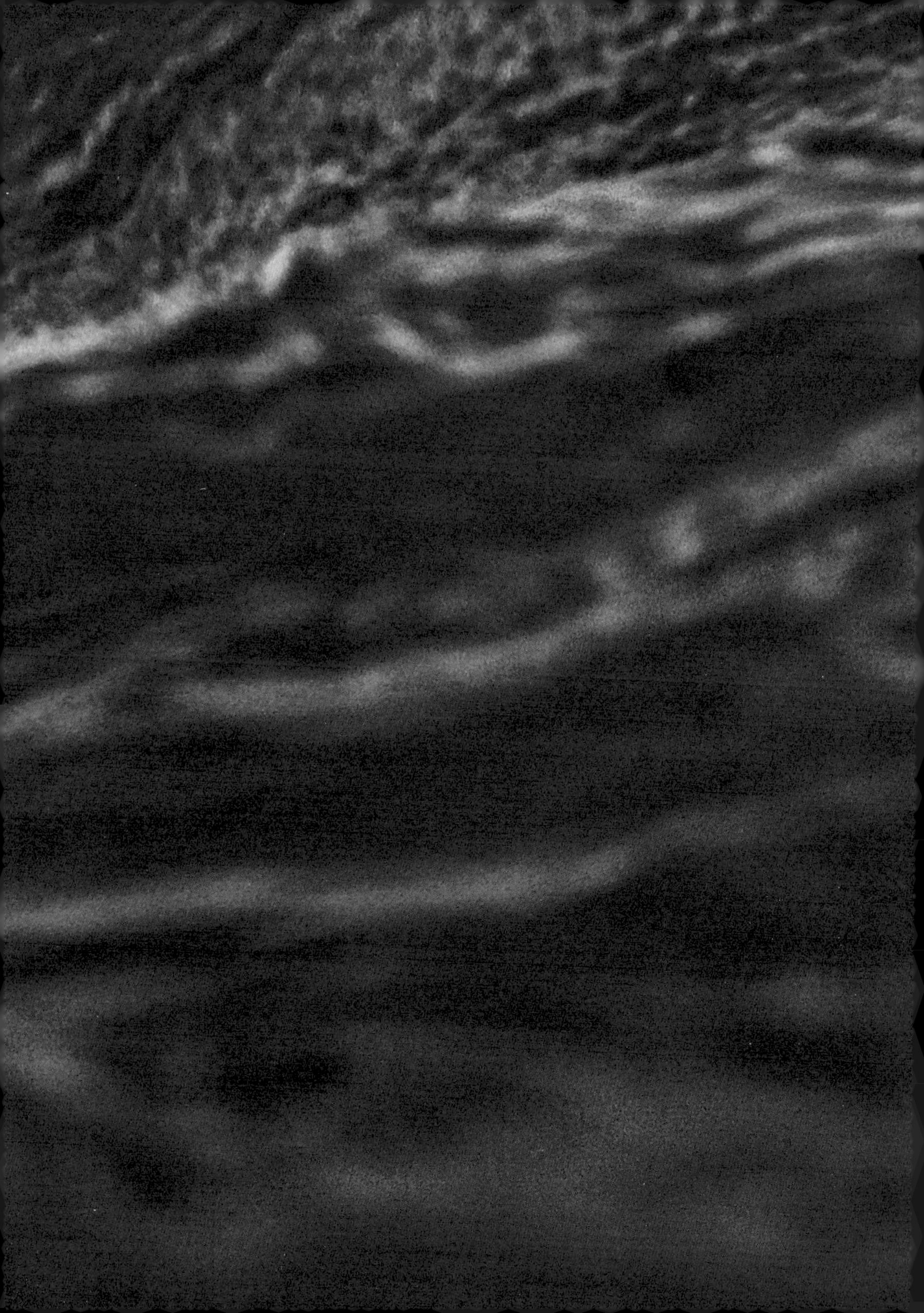